Lothar-Rüdiger Lütge

Jenseits von Raum und Zeit:

Bewusstsein, Transzendenz und die Grenzen des Materialismus

© 2025 Lothar-Rüdiger Lütge
Alle Rechte liegen beim Autor

Verlag:
BoD · Books on Demand GmbH,
In de Tarpen 42, 22848 Norderstedt,
bod@bod.de
Druck:
Libri Plureos GmbH, Friedensallee 273,
22763 Hamburg

ISBN: 978-3-7693-5798-1

Widmung

Dieses Buch ist dem Andenken von
Petra Angelika Peick (1949–2009)
gewidmet.

Als Dipl.-Psychologin und langjährige Vorsitzende der Studiengesellschaft für Geistige Synthese e.V. widmete sie ihr Leben der interdisziplinären Verbindung von Wissenschaft, Philosophie und Spiritualität. Ihre Arbeit zielte darauf ab, das materielle und das geistige Sein nicht als Gegensätze, sondern als zwei untrennbare Aspekte der Wirklichkeit zu begreifen. Mit tiefem Interesse für die menschliche Entwicklung und einem ausgeprägten Gespür für die Zusammenhänge von Bewusstsein und Existenz förderte sie den offenen Dialog zwischen den verschiedensten Erkenntniswegen.

Neben ihrer beruflichen Tätigkeit als beratende Psychologin engagierte sie sich ehrenamtlich für den Brückenschlag zwischen rationaler Erkenntnis und intuitiver Einsicht. In einer Zeit, in der das Denken oft in fragmentierten Fachdisziplinen erstarrt, war ihr

Wirken ein wertvoller Beitrag zur ganzheitlichen Betrachtung des Menschen und seiner Stellung im Universum.

Die Themen dieses Buches knüpfen an ihr Lebenswerk an und setzen es in neuer Weise fort. Wäre sie noch unter uns, so würde sie dieses Buch mit Freude lesen – als ein Werk, das sich der Suche nach Wahrheit und der Wiederentdeckung der verlorenen Ganzheit widmet.

Mit dieser Veröffentlichung soll an ihre Arbeit und ihr Vermächtnis erinnert werden.

Inhalt

Seite

Einleitung

Können Wissenschaft und Spiritualität gemeinsam die tiefsten Geheimnisse der Realität entschlüsseln? Diese Frage, so einfach sie scheinen mag, birgt ein tiefes Paradox. Seit Jahrhunderten sind Wissenschaft und Religion oft als Gegensätze wahrgenommen worden – die eine als der kalte, rationale Zugang zur Welt, die andere als der warme, spirituelle Pfad zu etwas Höherem. Doch was, wenn diese beiden Welten einander nicht ausschließen, sondern ergänzen könnten? Dieses Buch ist der Versuch, genau diese Brücke zu schlagen: zwischen den Erkenntnissen moderner Wissenschaft, den Einsichten der Philosophie und den uralten Wahrheiten der Religion.

Die moderne Wissenschaft hat in den letzten Jahrhunderten große Fortschritte gemacht. Sie hat uns Werkzeuge an die Hand gegeben, die Welt um uns herum zu verstehen und zu kontrollieren. Doch trotz all ihrer Erfolge bleibt sie unfähig, die grundlegenden Fragen des Seins zu beantworten: Was ist Bewusstsein? Warum existieren wir? Gibt es eine

Wirklichkeit jenseits dessen, was wir sehen und messen können? Der Materialismus, die Überzeugung, dass alles, was existiert, auf physische Prozesse und Materie zurückzuführen ist, scheint an seine Grenzen gestoßen zu sein. Die tiefsten Geheimnisse unserer Existenz entziehen sich seinen Erklärungsversuchen.

Hier setzt die Notwendigkeit einer transzendenten Perspektive an. Während der Materialismus davon ausgeht, dass die physische Welt die Grundlage aller Dinge ist, fordert die Idee der Transzendenz uns dazu auf, über diese physische Welt hinauszublicken. Sie legt nahe, dass es eine Wirklichkeit gibt, die nicht an Raum, Zeit oder Materie gebunden ist – eine Wirklichkeit, die Ursprung und Ursache all dessen ist, was wir wahrnehmen.

Dieses Buch verfolgt das Ziel, Wissenschaft, Philosophie und Religion miteinander in einen Dialog zu bringen. Es soll aufzeigen, dass diese Disziplinen nicht getrennte Wege einschlagen müssen, sondern einander bereichern können. Die wissenschaftlichen Erkenntnisse über die Grenzen von Raum und

Zeit bieten neue Möglichkeiten, ältere philosophische und religiöse Einsichten neu zu bewerten. Gleichzeitig können spirituelle und metaphysische Ansätze den Horizont der Wissenschaft erweitern und sie mit einem Sinn erfüllen, der jenseits reiner Funktionalität liegt.

Indem wir diese Brücke schlagen, möchten wir den Leser dazu einladen, seine Überzeugungen zu hinterfragen und neue Perspektiven zu erkunden. Wissenschaftlich orientierte Leser werden entdecken, dass die Suche nach Transzendenz nicht zwangsläufig im Widerspruch zu rationalem Denken steht. Spirituell Suchende können erkennen, dass Wissenschaft und Philosophie wertvolle Werkzeuge sind, um die Geheimnisse des Universums besser zu verstehen. Dieses Buch ist eine Einladung an alle, die bereit sind, alte Gegensätze zu hinterfragen und neue Wege zu beschreiten.

Wir leben in einer Zeit zunehmender Orientierungslosigkeit. Viele Menschen spüren, dass die alten Antworten nicht mehr greifen, doch die neuen Wege sind oft nicht sichtbar oder überzeugend genug. Der Verlust von Werten und festen Bezugspunkten hat eine Leere hinterlassen, die von Materialismus und Konsum nicht gefüllt werden kann. Die Dominanz materialistischer Weltbilder, die den Menschen als rein physisches Wesen ohne transzendenten Bezug definieren, hat viele in eine existenzielle Krise geführt. Diese Krise zeigt sich in verschiedenen Formen: einer wachsenden Sinnsuche, einer zunehmenden gesellschaftlichen Polarisierung und einer allgemeinen Unzufriedenheit, die sich trotz äußerer Fortschritte nicht auflösen lässt.

Gleichzeitig gibt es einen wachsenden Wunsch, diese Grenzen zu überwinden und nach neuen Perspektiven zu suchen. Menschen wenden sich wieder Fragen zu, die jenseits von Funktionalität und Effizienz liegen: Was bedeutet es, Mensch zu sein? Was ist unser Platz im Universum? Gibt es etwas, das über die sichtbare Welt hinausgeht? Diese Fragen sind nicht nur von spiritueller Bedeutung, sondern auch von wissenschaftlicher Relevanz, denn sie fordern uns auf, die Grundannahmen unserer Weltbilder zu hinterfragen und nach einer tieferen Wahrheit zu suchen. Dieses Buch möchte einen Beitrag zu dieser Suche leisten, indem es alte Grenzen überwindet und neue Wege des Denkens und Glaubens aufzeigt.

Dieses Buch richtet sich an mehrere Zielgruppen, die sich auf ganz unterschiedliche Weise mit der Frage nach der Natur der Realität und der Möglichkeit einer transzendenten Dimension auseinandersetzen. Wissenschaftlich Interessierte, die nach neuen Denkansätzen suchen, finden hier Modelle und Ideen, die weit über die Grenzen des Materialismus hinausgehen und Raum für eine neue, umfassendere Sicht auf die Wirklichkeit schaffen. Für Philosophen und Theologen, die nach einer Synthese von Wissenschaft und Glauben streben, bietet das Buch eine Grundlage, um scheinbare Gegensätze zwischen diesen Disziplinen zu überwinden. Und spirituell Suchende können ihre Sichtweise durch die wissenschaftlichen Perspektiven, die hier vorgestellt werden, erweitern und vertiefen.

Die Motivation hinter diesem Buch entspringt auch einer sehr persönlichen Suche. In meinen bisherigen Arbeiten, insbesondere in den Büchern „Gott ist Person", "Der Gottesbeweis" und "Vom Licht zur Leere", habe ich versucht, die Frage nach der Transzendenz und ihrer Bedeutung für den Menschen zu ergründen. Dabei wurde mir bewusst, dass diese Themen nicht isoliert betrachtet werden können. Die Wissenschaft, mit all ihren Fortschritten, bietet wertvolle Einsichten, bleibt aber ohne eine transzendente Perspektive unvollständig. Ebenso braucht die Religion die intellektuelle Auseinandersetzung, um ihre zeitlose Wahrheit in einer modernen Welt verständlich zu machen. Dieses Buch ist mein Versuch, diese beiden Welten miteinander zu verbinden und einen Raum für einen offenen Dialog zu schaffen, der sowohl wissenschaftlich fundiert als auch spirituell bereichernd ist.

Die Hauptthesen dieses Buches lassen sich in drei zentrale Aussagen gliedern. Erstens: Raum, Zeit und Materie sind keine fundamentalen Realitäten. Unsere Wahrnehmung dieser Dimensionen ist eine Konstruktion, ein Hilfsmittel, das uns dabei hilft, in der Welt zu navigieren, doch sie spiegelt nicht die wahre Natur der Existenz wider. Zweitens: Bewusstsein ist primär und die Grundlage der Realität. Es ist nicht das Produkt physikalischer Prozesse im Gehirn, sondern der Ursprung und Träger von allem, was ist. Drittens: Diese Grundlage, das Bewusstsein, verweist auf eine transzendente Quelle, die nicht abstrakt, sondern ein personaler Gott ist – ein Wesen, das jenseits von Raum und Zeit existiert und doch mit seiner Schöpfung verbunden ist.

Raum, Zeit und Materie als bloße Konstrukte zu betrachten, bedeutet, die Grenzen des Materialismus zu hinterfragen und die Möglichkeit einer tieferen Wirklichkeit in Betracht zu ziehen. Wenn Bewusstsein die Grundlage der Realität ist, wird deutlich, dass es einer Quelle bedarf, die selbst transzendent und zeitlos ist. Diese Quelle ist kein unpersönliches Prinzip oder eine abstrakte Idee, sondern ein Gott, der als Schöpfer und Erhalter der Existenz wirkt. Diese drei Thesen bilden den roten Faden dieses Buches und werden im weiteren Verlauf detailliert untersucht und begründet, um dem Leser ein tieferes Verständnis der Realität und der transzendenten Dimension zu vermitteln.

Wenn diese Thesen tatsächlich zutreffen, hat dies tiefgreifende praktische Konsequenzen für unser Selbstverständnis und unser Leben. Denn wenn es einen personalen Gott gibt, der uns und die Welt absichtsvoll erschaffen hat, dann sind wir als seine Geschöpfe nicht unabhängig oder autonom, sondern ihm und seinen Geboten verpflichtet. Dies bedeutet, dass unser Leben auf einer göttlichen Grundlage beruht und wir in einer Verantwortung stehen, die weit über den postmodernen Zeitgeist hinausgeht. Während die moderne Welt uns oft ein Leben vorgibt, das von Konsum, Individualismus und relativen Werten geprägt ist, ruft uns diese Perspektive dazu auf, unser Dasein als Teil einer höheren Ordnung zu verstehen – einer Ordnung, die Sinn, Zweck und Orientierung bietet.

Um die im Buch diskutierten Perspektiven besser einordnen zu können, ist es hilfreich, die beiden Denker vorzustellen, die mit ihren Theorien einen entscheidenden Beitrag zu den behandelten Themen leisten, Christopher Michael Langan und Donald David Hoffman. Beide haben in ihren Arbeiten bedeutende Beiträge zur Verbindung von Wissenschaft und Transzendenz geleistet. Während Hoffman die physische Welt als eine „Benutzeroberfläche" begreift und Bewusstsein als primär darstellt, hebt Langan die Bedeutung eines transzendent-immanenten Gottes hervor, der sowohl innerhalb als auch außerhalb der Schöpfung existiert. Beide Ansätze bieten wertvolle Einsichten, die für die Diskussion dieses Buches von zentraler Bedeutung sind, auch wenn ihre Theorien kritisch reflektiert werden müssen. Insbesondere Hoffmans evolutionäre Perspektive, die Bewusstsein aus der biologischen Evolution ableitet, steht im Spannungsfeld zu einer theistischen Sichtweise, die Bewusstsein als primär und schöpferisch ansieht.

Christopher Michael Langan, oft als „intelligentester Mensch der Welt" bezeichnet, wurde 1952 in San Francisco geboren und besitzt einen geschätzten IQ zwischen 190 und 215. Trotz einer schwierigen Kindheit und begrenzter akademischer Möglichkeiten entwickelte Langan als Autodidakt eine außergewöhnliche intellektuelle Tiefe. Er ist der Schöpfer des Cognitive-Theoretic Model of the Universe (CTMU), einer Theorie, die versucht, das Universum als ein selbstreferenzielles, bewusstes System zu erklären. In seiner Theorie argumentiert Langan, dass die grundlegenden Eigenschaften der Realität mit den Attributen Gottes übereinstimmen, wie sie in vielen religiösen Traditionen beschrieben werden. Besonders bedeutend ist sein Konzept eines transzendent-immanenten Gottes, der sowohl innerhalb der Schöpfung als auch jenseits von Raum und Zeit existiert. Diese Vorstellung harmoniert in vielerlei Hinsicht mit dem theistischen Weltbild, das in diesem Buch vertreten wird, und bietet eine solide Grundlage für die Verbindung von Wissenschaft und Religion. Langan lebt heute auf einer Ranch in Missouri und widmet sich weiterhin der Entwicklung und Verbreitung seiner Theorien.

Donald David Hoffman, geb. 29. 12.1955, ist ein US-amerikanischer Kognitionspsychologe und Professor emeritus der University of California, Irvine. Sein Forschungsschwerpunkt liegt auf Bewusstsein, Wahrnehmung und evolutionärer Psychologie. Mit seiner Theorie der „Multimodal User Interface" (MUI) und dem Konzept des „Conscious Realism" postuliert Hoffman, dass Raum, Zeit und Materie nicht die fundamentale Realität darstellen, sondern eine Benutzeroberfläche, die unser Bewusstsein geschaffen hat, um effizient in der Welt zu navigieren. Diese These ist provokant und stellt die Grundannahmen des Materialismus infrage, indem sie Bewusstsein als die eigentliche Grundlage der Realität begreift. Hoffman ist auch Autor des Buches The Case Against Reality: How Evolution Hid the Truth from Our Eyes, in dem er darlegt, dass unsere Wahrnehmung nicht darauf abzielt, die Realität so zu zeigen, wie sie ist, sondern uns eine nützliche, aber stark vereinfachte Version der Realität präsentiert. Während diese Ansätze in vielen Punkten wertvolle Einsichten bieten, wird seine evolutionäre Perspektive in diesem Buch kritisch reflektiert, da sie mit der Annahme eines personalen, transzendenten Schöpfers schwer zu vereinbaren ist.

Dieses Buch ist eine Einladung an alle Leser, ihre eigenen Überzeugungen zu reflektieren und ihre Denkweise zu erweitern. Es fordert dazu auf, die traditionellen Grenzen zwischen Wissenschaft, Philosophie und Religion zu hinterfragen und stattdessen nach einer harmonischen Synthese zu suchen. Wissenschaft, Philosophie und Religion werden hier nicht als Gegensätze betrachtet, sondern als Disziplinen, die gemeinsam dazu beitragen können, ein tieferes Verständnis der Realität zu erlangen.

Die Struktur des Buches folgt einer klaren Dreiteilung, die den Leser schrittweise von wissenschaftlichen Ansätzen zu einer transzendenten, philosophisch-theistischen Perspektive führt. Der erste Teil untersucht die Krise des Materialismus und zeigt auf, warum diese Weltanschauung an ihre Grenzen stößt. Im zweiten Teil wird Transzendenz als Grundlage der Realität eingeführt und begründet, wie Bewusstsein und eine transzendente Quelle untrennbar miteinander verbunden sind. Der dritte Teil führt diese Überlegungen zu einer Synthese, die Wissenschaft, Philosophie und Religion miteinander vereint, und gibt einen Ausblick auf die Konsequenzen eines solchen Weltbildes für unser Leben und unsere Gesellschaft.

Abschließend möchte ich Sie, lieber Leser, dazu einladen, sich offen auf die Reise dieses Buches einzulassen. Die hier behandelten Themen sind nicht nur für Wissenschaft, Philosophie und Glauben von entscheidender Bedeutung, sondern berühren auch grundlegende Fragen der menschlichen Existenz und unserer Gesellschaft. Indem wir alte Gegensätze überwinden und neue Verbindungen schaffen, eröffnen wir einen Weg, die Wirklichkeit in ihrer ganzen Tiefe zu erfassen. Ich lade Sie ein, diesen Weg mitzugehen und die Perspektiven, die hier vorgestellt werden, mit einem offenen Geist zu prüfen. Ihre Reflexion und Ihre Bereitschaft, neue Denkweisen zu erkunden, sind der Schlüssel zu den Erkenntnissen, die dieses Buch Ihnen bieten möchte.

Teil 1 - Die Krise des Materialismus

Kapitel 1 - Der Materialismus und seine Grenzen

1. Einleitung: Warum der Materialismus hinterfragt werden muss

Der Materialismus ist heute ein Begriff, der tief in unserem Denken und unserer Kultur verwurzelt ist. Doch was genau bedeutet er? In seiner Grundidee postuliert der Materialismus, dass alles, was existiert, auf Materie und deren Wechselwirkungen reduziert werden kann. Alles — von den Sternen am Himmel bis hin zu unseren tiefsten Gedanken und Gefühlen — ist, so die materialistische Sichtweise, letztlich das Ergebnis physikalischer Prozesse. Es ist eine einfache und klare Weltanschauung, die seit Jahrhunderten Wissenschaft und Philosophie prägt. Aber ist sie wirklich so umfassend, wie sie auf den ersten Blick erscheint?

Der Ursprung des Materialismus reicht weit zurück, bis zu den frühen Philosophen der griechischen Antike. Denker wie Demokrit und Epikur waren die ersten, die argumentierten, dass die gesamte Wirklichkeit aus kleinsten, unteilbaren Teilchen – den Atomen – besteht. Diese revolutionäre Idee legte den Grundstein für eine neue Sicht auf die Welt, die nicht von Mythen und Göttern abhängig war, sondern auf Naturgesetzen beruhte. Später griff die Aufklärung diese Gedanken auf und entwickelte sie weiter. Der Materialismus wurde zum Gegenentwurf zu metaphysischen und religiösen Weltbildern. Die Wissenschaften, von der Physik über die Chemie bis hin zur Biologie, bauten auf dieser Grundlage auf und erzielten bahnbrechende Erfolge.

Doch warum wurde der Materialismus so dominant? Warum ist er zur vorherrschenden Weltanschauung in der modernen Wissenschaft geworden? Die Antwort darauf liegt in seiner Nützlichkeit. Der Materialismus bietet klare und prüfbare Modelle, die es erlauben, die Welt zu verstehen und zu kontrollieren. Dank ihm konnten wir Technologien entwickeln, Krankheiten heilen und unser Verständnis der Naturgesetze vertiefen. Die Errungenschaften des materialistischen

Denkens haben unsere Welt nachhaltig verändert. Gleichzeitig hat die zunehmende Säkularisierung, insbesondere in den letzten Jahrhunderten, den Materialismus weiter gestärkt. In einer Welt, die sich von religiösen Erklärungsmodellen löste, bot der Materialismus eine scheinbar neutrale, objektive Wahrheit, die auf empirischer Forschung beruhte.

Doch trotz seiner Stärken ist der Materialismus nicht frei von Schwächen. Ein zentraler Kritikpunkt betrifft die Frage nach dem Bewusstsein. Wie erklärt der Materialismus, dass wir empfinden, denken und erleben können? Wie entsteht das subjektive Gefühl des „Ich" aus bloßen chemischen und elektrischen Prozessen im Gehirn? Die Philosophie spricht in diesem Zusammenhang von „Qualia" – den subjektiven Aspekten des Erlebens, die sich nicht auf physikalische Prozesse reduzieren lassen. Trotz aller Fortschritte in den Neurowissenschaften bleibt diese Frage unbeantwortet.

Ein weiterer Schwachpunkt des Materialismus zeigt sich in der modernen Physik.

Insbesondere die Quantenmechanik stellt das traditionelle, materialistische Weltbild infrage. Sie zeigt, dass die fundamentalen Bausteine der Materie keine festen Objekte sind, sondern sich eher wie Wahrscheinlichkeitswellen verhalten. Donald Hoffman geht in seinen Theorien noch weiter: Raum und Zeit, so argumentiert er, sind keine fundamentalen Realitäten, sondern eine Art „Benutzeroberfläche", die unser Bewusstsein geschaffen hat, um die Welt einfacher navigieren zu können.

Auch philosophisch ist der Materialismus problematisch. Seine Tendenz zum Reduktionismus – alles auf physikalische Prozesse zurückzuführen – führt dazu, dass wichtige Dimensionen der menschlichen Erfahrung, wie Sinn, Werte und Freiheit, oft vernachlässigt oder als unwesentlich abgetan werden. Doch gerade diese Aspekte sind es, die unser Leben ausmachen und ihm Tiefe und Bedeutung verleihen.

Schließlich hat der Materialismus auch kulturelle Konsequenzen. Ein Weltbild, das den Menschen als reines Produkt physikalischer

Prozesse betrachtet, kann leicht zu Nihilismus und Sinnverlust führen. Wenn alles nur Zufall ist und es keine transzendente Ebene gibt, bleibt die Frage nach dem „Warum" des Lebens unbeantwortet. Diese Leere versucht unsere Gesellschaft oft durch Konsum und Ablenkung zu füllen, doch das eigentliche Problem lässt sich auf diese Weise nicht lösen.

Der Materialismus hat uns viel gebracht, doch er ist kein Allheilmittel. Er erklärt die Welt nicht in ihrer ganzen Tiefe und Komplexität. Die Grenzen des Materialismus laden uns dazu ein, weiterzudenken und alternative Ansätze in Betracht zu ziehen. Dieses Kapitel ist eine Einladung, den Materialismus nicht nur zu hinterfragen, sondern auch nach neuen Perspektiven zu suchen, die uns helfen, die Wirklichkeit in ihrer ganzen Fülle zu begreifen.

2. Definition und historische Entwicklung des Materialismus

Ursprung des Materialismus in der griechischen Philosophie

Die Ursprünge des Materialismus reichen weit in die antike Philosophie zurück und haben ihren Ausgangspunkt in den Lehren von Demokrit und Epikur. Diese beiden Denker entwickelten eine Sichtweise auf die Welt, die ohne die Annahme übernatürlicher Kräfte auskam und stattdessen versuchte, die Natur rein rational zu erklären.

Demokrit (ca. 460–370 v. Chr.), ein griechischer Philosoph aus Abdera, wird oft als Vater des Atomismus bezeichnet. Seine zentrale These lautete, dass die gesamte Wirklichkeit aus kleinsten, unteilbaren Teilchen besteht, die er "Atome" nannte. Diese Atome bewegen sich im leeren Raum, kollidieren miteinander und formen so alle bekannten Phänomene der Welt. In diesem Modell gibt es keinen Platz für eine lenkende oder gestaltende Gottheit, denn alles, was geschieht, ist das Ergebnis zufälliger Bewegungen und Zusammenstöße der Atome.

Epikur (341–270 v. Chr.), ein weiterer einflussreicher Denker der Antike, griff Demokrits Atomismus auf, entwickelte ihn weiter und verband ihn mit ethischen Überlegungen. Für ihn war der Materialismus nicht nur ein Erklärungsmodell der Natur, sondern auch ein Weg, um ein erfülltes und angstfreies Leben zu führen. Epikur argumentierte, dass selbst wenn Götter existieren sollten, sie sich nicht in die Angelegenheiten der Menschen einmischen. Folglich seien Naturphänomene nicht Ausdruck göttlichen Willens, sondern könnten durch natürliche Prinzipien erklärt werden. Diese Idee war revolutionär, denn sie ermöglichte es, die Welt ohne Mythen und religiöse Dogmen zu verstehen.

Der Materialismus der Antike war somit auch eine bewusste Reaktion auf religiöse und mythische Weltbilder. Während viele Kulturen Naturereignisse als direkte Handlungen von Göttern oder Geistern interpretierten, bot der atomistische Materialismus eine rationale Alternative. Regen fiel nicht, weil eine Gottheit günstig gestimmt war, sondern weil sich Wasserdampf in der Luft verdichtete. Blitze waren keine Waffen des Zeus, sondern elektrostatische Entladungen. Der Materialismus führte damit zu einem Weltbild, das auf natürlichen Ursachen beruhte und sich nicht auf unerklärbare göttliche Willkür stützte.

Diese Sichtweise hatte tiefgreifende Folgen. Zum einen eröffnete sie die Möglichkeit einer Wissenschaft, die sich unabhängig von religiösen Vorschriften entwickelte. Zum anderen veränderte sie das Menschenbild. Der Mensch war nicht mehr ein von den Göttern abhängiges Wesen, sondern ein Teil der natürlichen Ordnung, dessen Handeln und Denken sich aus natürlichen Prinzipien erklären ließ. Dies legte den Grundstein für viele spätere philosophische Debatten und beeinflusste das Denken bis in die Neuzeit.

Doch der materialistische Ansatz traf nicht nur auf Zustimmung. Gerade in einer Zeit, in der religiöse Vorstellungen und Mythen tief im gesellschaftlichen Bewusstsein verankert waren, wurden die Ideen von Demokrit und Epikur oft mit Skepsis betrachtet oder sogar bekämpft. Viele Philosophen und religiöse Denker sahen in ihnen eine Bedrohung für die gesellschaftliche Ordnung und für die ethischen Grundlagen, auf denen diese ruhte.

Trotz dieser Widerstände haben die Gedanken von Demokrit und Epikur die philosophische Landschaft nachhaltig geprägt. Ihr rationaler Zugang zur Natur wurde später von Denkern der Renaissance und der Aufklärung wieder aufgegriffen und weiterentwickelt. Sie ebneten den Weg für eine Weltanschauung, die nach natürlichen Erklärungen suchte, anstatt sich auf Götter und übernatürliche Kräfte zu berufen. In gewisser Weise kann man sagen, dass der moderne wissenschaftliche Materialismus seinen ersten Grundstein bereits im antiken Griechenland fand.

Renaissance und Aufklärung: Materialismus als Gegenpol zu metaphysischen und religiösen Ansätzen

Mit der Renaissance erlebten viele antike Ideen eine Wiederbelebung, darunter auch der materialistische Atomismus der griechischen Philosophen. Im Gegensatz zum Mittelalter, das von kirchlichen Dogmen und einer metaphysischen Weltsicht geprägt war, begann in dieser Epoche eine langsame, aber tiefgreifende Umwälzung des Denkens. Die

Renaissance markierte den Übergang zu einer Wissenschaft, die sich verstärkt auf empirische Beobachtungen und rationales Denken stützte.

Ein herausragender Vertreter dieser Entwicklung war Giordano Bruno (1548–1600). Er griff nicht nur das kopernikanische Weltbild, mit der Sonne im Zentrum, auf, sondern argumentierte auch für eine unendliche Anzahl von Welten, die alle denselben natürlichen Gesetzen unterliegen. Sein Denken stellte nicht nur das ptolemäische Weltbild, mit der Erde im Zentrum, infrage, sondern auch die kirchliche Vorstellung eines geordneten, hierarchischen Universums. Brunos materialistische Sichtweise wurde von der Inquisition als ketzerisch verurteilt und führte letztendlich zu seiner Hinrichtung.

Parallel dazu entwickelte sich eine neue Methodik der Naturwissenschaften, die das Fundament des modernen Materialismus legte. Galileo Galilei (1564–1642) leistete Pionierarbeit, indem er physikalische Gesetze durch systematische Experimente und mathematische Beschreibungen formulierte.

Seine Arbeiten zur Bewegung der Himmelskörper zeigten, dass die Natur messbar und vorhersagbar war – ein Grundgedanke, der die mechanistische Weltsicht des späteren Materialismus stark beeinflussen sollte.

Die Aufklärung des 17. und 18. Jahrhunderts baute auf diesen Entwicklungen auf und radikalisierte die materialistische Denkweise. In dieser Zeit gewann der Rationalismus die Oberhand, und der Materialismus wurde zunehmend als Gegenmodell zur metaphysischen Erklärung der Welt verstanden. Philosophen wie Thomas Hobbes (1588–1679) und Julien Offray de La Mettrie (1709–1751) gingen davon aus, dass nicht nur die Natur, sondern auch der Mensch und sein Bewusstsein rein mechanischen Prinzipien folgen.

Hobbes, bekannt für sein Werk Leviathan, argumentierte, dass der Mensch ein von Natur aus egoistisches Wesen sei, dessen Verhalten durch physikalische Gesetze bestimmt werde. In seiner Philosophie war kein Platz für eine immaterielle Seele oder einen freien Willen – alles sei letztlich das Ergebnis materieller Kausalität. Julien Offray de La Mettrie ging noch weiter und entwickelte in seinem Buch L'Homme Machine die Idee, dass der Mensch im Grunde eine biologische Maschine sei, deren Gedanken und Gefühle sich auf rein physikalische Prozesse reduzieren ließen.

Diese Denkrichtungen stellten die Vorherrschaft religiöser Weltbilder infrage und legten den Grundstein für die späteren materialistischen Theorien des 19. und 20. Jahrhunderts. Die Idee, dass alles Existierende, einschließlich des menschlichen Bewusstseins, durch natürliche Gesetze bestimmt ist, gewann zunehmend an Einfluss. Mit der Aufklärung wurde der Materialismus endgültig zu einer zentralen philosophischen Strömung, die eine klare Absage an metaphysische und religiöse Erklärungsmodelle darstellte.

Während die Renaissance den Weg für die wissenschaftliche Methodik ebnete, war es die Aufklärung, die den Materialismus als philosophische Grundlage etablierte. Diese Entwicklung war nicht nur intellektuell bedeutend, sondern hatte tiefgreifende

Auswirkungen auf das gesellschaftliche und politische Denken. Die Idee, dass der Mensch nicht von einer höheren Macht abhängt, sondern sein Schicksal selbst bestimmt, wurde zu einem der Leitmotive der Moderne.

Der wissenschaftliche Materialismus des 19. und 20. Jahrhunderts

Der wissenschaftliche Materialismus des 19. und 20. Jahrhunderts war eine konsequente Weiterentwicklung der materialistischen Weltanschauung, die sich in der Renaissance und Aufklärung herausgebildet hatte. In dieser Phase wurde der Materialismus nicht nur philosophisch weitergedacht, sondern auch von bedeutenden Wissenschaftlern und Denkern in verschiedene Disziplinen integriert. Diese Epoche prägte das moderne Weltbild nachhaltig und sorgte dafür, dass der Materialismus zur dominanten wissenschaftlichen Denkweise wurde.

Eine der einflussreichsten materialistischen Theorien des 19. Jahrhunderts war die Evolutionstheorie von Charles Darwin (1809–1882). Mit seinem bahnbrechenden Werk

On the Origin of Species (1859) stellte Darwin eine Erklärung für die Entstehung und Entwicklung des Lebens vor, die ohne einen Schöpfergott auskam. Seine Theorie der natürlichen Selektion besagte, dass sich Organismen durch zufällige Mutationen und Selektion an ihre Umwelt anpassen. Diese Sichtweise stellte einen radikalen Bruch mit dem klassischen theistischen Schöpfungsgedanken dar. Der Mensch wurde nicht mehr als einzigartiges, von Gott geschaffenes Wesen betrachtet, sondern als Produkt eines blinden, ungerichteten Evolutionsprozesses. Dies verlieh dem Materialismus eine neue biologische Grundlage und beeinflusste zahlreiche andere wissenschaftliche Disziplinen.

Parallel zur biologischen Revolution durch Darwin entwickelte Karl Marx (1818–1883) eine materialistische Interpretation der Gesellschaft und Geschichte. In seinem Historischen Materialismus argumentierte er, dass nicht Ideen oder spirituelle Prinzipien die Geschichte bestimmen, sondern die materiellen Bedingungen des menschlichen Daseins. Produktionsverhältnisse, wirtschaftliche Strukturen und soziale Klassenkonflikte seien die treibenden Kräfte der gesellschaftlichen Entwicklung. Marx' Denken übersetzte den Materialismus aus der Naturwissenschaft in die Sozialwissenschaften und beeinflusste politische Bewegungen weltweit. Der Kommunismus, der sich auf seine Lehren stützte, versuchte, eine materialistische Gesellschaftsordnung ohne religiöse oder metaphysische Einflüsse zu etablieren.

Auch in der Psychologie setzte sich der Materialismus durch, insbesondere durch die Theorien von Sigmund Freud (1856–1939). Freud erklärte menschliches Verhalten und Bewusstsein als das Resultat unbewusster Triebe und psychodynamischer Prozesse, die in der frühen Kindheit geprägt werden. Er stellte die Vorstellung einer freien, autonomen Seele infrage und ersetzte sie durch ein Modell des Geistes, das auf biologischen und neurologischen Mechanismen beruhte. Damit trug Freud dazu bei, dass der Materialismus auch das Verständnis der Psyche durchdrang und tiefgreifende Auswirkungen auf die moderne Psychologie hatte.

Die Naturwissenschaften erlebten in dieser Zeit ebenfalls eine enorme Entwicklung, die den Materialismus weiter festigte. Fortschritte in der Chemie, Physik und Biologie lieferten detaillierte Erklärungen für Phänomene, die zuvor als metaphysisch oder unerklärlich galten. Die Entdeckung der Elektrizität, die Identifikation von Molekülen und Atomen sowie die Entwicklung der modernen Quantenmechanik ließen die Welt zunehmend als ein mechanistisches System erscheinen. Die Vorstellung, dass alles letztlich auf physikalische Wechselwirkungen zurückzuführen sei, setzte sich immer mehr durch.

Mit diesen Entwicklungen wurde der Materialismus zur wissenschaftlichen Norm und zur dominanten Weltanschauung in vielen akademischen Disziplinen. Religion und Metaphysik wurden zunehmend aus der Erklärung der Welt verdrängt, und eine strikt naturwissenschaftliche Herangehensweise prägte das Denken des 20. Jahrhunderts. Diese Entwicklung legte das Fundament für viele Errungenschaften der Moderne, aber sie brachte auch Herausforderungen mit sich – insbesondere die Frage, ob der Materialismus wirklich alle

Aspekte der Existenz erfassen kann oder ob er an bestimmten Grenzen scheitert.

Entwicklung hin zu einem vorherrschenden Paradigma in der modernen Wissenschaft

Mit dem Beginn des 20. Jahrhunderts festigte sich der Materialismus als das dominierende Paradigma der Wissenschaft. Fortschritte in den Naturwissenschaften schienen seine Grundannahmen immer weiter zu bestätigen. Die Vorstellung, dass alle Phänomene der Welt – vom kleinsten Teilchen bis hin zu den Prozessen im menschlichen Gehirn – letztlich durch physikalische Gesetze bestimmt werden, prägte das wissenschaftliche Denken dieser Epoche maßgeblich.

Doch die Quantenphysik revolutionierte das Verständnis der Materie. Wissenschaftler wie Max Planck, Albert Einstein und Niels Bohr deckten eine völlig neue Ebene physikalischer Realität auf. Elektronen, Photonen und andere subatomare Teilchen verhielten sich nicht mehr wie klassische, mechanisch bestimmbare Objekte, sondern folgten Wahrscheinlichkeitsgesetzen. Doch trotz dieser grundlegenden Veränderungen im physikalischen Weltbild blieb der Materialismus als philosophische Grundhaltung bestehen. Die Quantenmechanik wurde nicht als Widerlegung, sondern als Erweiterung der materialistischen Wissenschaft interpretiert.

Gleichzeitig machte die Molekularbiologie enorme Fortschritte. Die Entdeckung der DNA durch Watson und Crick im Jahr 1953 lieferte eine materielle Erklärung für die Vererbung und die Entwicklung des Lebens. Biochemische Prozesse wurden entschlüsselt, wodurch sich die Annahme verstärkte, dass Leben lediglich eine hochkomplexe Abfolge chemischer Reaktionen sei. Krankheiten konnten zunehmend auf genetische Defekte oder molekulare Störungen zurückgeführt werden, was die materialistische Sicht auf den menschlichen Körper weiter festigte.

Diese wissenschaftlichen Errungenschaften führten zu praktischen Anwendungen, die das Leben der Menschen tiefgreifend veränderten. Fortschritte in der Medizin, insbesondere in der Pharmakologie und Gentechnik, eröffneten neue Behandlungsmöglichkeiten für Krankheiten, die einst als unheilbar galten. Die Erforschung der Elektrizität und der Halbleitertechnologie ermöglichte die Entwicklung moderner Computer und Kommunikationssysteme. Die materialistische Wissenschaft wurde zum Motor technologischer Innovationen, die den Alltag der Menschen revolutionierten.

Mit diesen Erfolgen wuchs das gesellschaftliche Vertrauen in den Materialismus. Religiöse und metaphysische Erklärungsmodelle verloren an Bedeutung, da die Wissenschaft scheinbar immer präzisere Antworten auf die Fragen des Lebens lieferte. Bildungssysteme übernahmen zunehmend eine materialistische Grundhaltung, die sich in Schulbüchern, Universitätslehrplänen und der allgemeinen Wissenschaftskommunikation widerspiegelte. Der Glaube an eine durch Naturgesetze vollständig erklärbare Welt wurde zur dominierenden Weltsicht.

Doch mit dieser Entwicklung gingen auch neue Herausforderungen einher. Während der Materialismus seine Stellung als wissenschaftliches Paradigma festigte, geriet er zunehmend in Konflikt mit Fragen, die er nicht überzeugend beantworten konnte: das Bewusstsein, der Ursprung der Realität selbst und das Problem der subjektiven Erfahrung. Diese offenen Fragen führten dazu, dass sich neue Strömungen innerhalb der Wissenschaft und Philosophie entwickelten, die den Materialismus hinterfragen und nach umfassenderen Erklärungsmodellen suchen.

3. Kritik am Materialismus: Wissenschaftliche, philosophische und kulturelle Sackgassen

Wissenschaftliche Kritik: Die ungelösten Rätsel des Bewusstseins und der Realität

Der Materialismus behauptet, dass das Bewusstsein eine bloße Nebenerscheinung der Gehirnaktivität sei. Doch trotz jahrzehntelanger Forschung gibt es keine überzeugende Erklärung dafür, wie rein physikalische Prozesse im Gehirn das subjektive Erleben hervorrufen. Dies ist eines der größten ungelösten Rätsel der Neurowissenschaften und Philosophie.

Ein grundlegendes Problem ist die Frage nach den sogenannten „Qualia" – den subjektiven Erfahrungen, die mit Bewusstsein verbunden sind. Warum fühlt sich beispielsweise die Farbe Rot so an, wie sie sich anfühlt? Warum empfindet ein Mensch Schmerz oder Freude auf eine bestimmte Weise? Aus materialistischer Sicht müsste jede bewusste Wahrnehmung letztlich auf chemische und elektrische Prozesse im Gehirn zurückzuführen sein. Doch wie entstehen aus diesen messbaren, physikalischen Vorgängen immaterielle Erlebnisse?

Der Philosoph David Chalmers bezeichnete diese Fragestellung als das „harte Problem des Bewusstseins". Während viele Aspekte der Hirnfunktion – etwa Wahrnehmung, Gedächtnis und Entscheidungsfindung – mechanistisch erklärt werden können, bleibt das subjektive Erleben selbst ein Rätsel. Warum gibt es überhaupt Bewusstsein? Warum ist es nicht einfach nur ein komplexes, aber bewusstloses Verarbeitungssystem? Diese Fragen stellen den Materialismus vor eine nahezu unüberwindbare Hürde, da er nur mit objektiv messbaren Phänomenen arbeitet und daher das subjektive Erleben nicht wirklich erklären kann.

Donald Hoffman geht in seiner Kritik am Materialismus noch weiter. Er argumentiert, dass die Annahme, Bewusstsein sei ein Produkt der Materie, nicht nur unzureichend ist, sondern dass es genau umgekehrt sein könnte: Die materielle Welt könnte vielmehr eine Konstruktion des Bewusstseins sein. In seinen Theorien beschreibt Hoffman Raum und Zeit nicht als fundamentale Bestandteile der Realität, sondern als eine Art „Benutzeroberfläche", die unser Bewusstsein erzeugt, um mit der Welt zu interagieren. In dieser Sichtweise wäre Bewusstsein nicht das Endprodukt physikalischer Prozesse, sondern die Grundlage aller Existenz.

Diese Perspektive stellt den materialistischen Ansatz radikal infrage. Denn wenn Bewusstsein nicht aus Materie entsteht, sondern Materie vielmehr eine Erscheinung innerhalb des Bewusstseins ist, dann muss unser gesamtes physikalisches Weltbild neu gedacht werden. Die Frage nach dem Ursprung des Bewusstseins würde dann nicht durch das Studium der Gehirnaktivitäten beantwortet, sondern durch eine Erforschung der Struktur und Natur des Bewusstseins selbst.

Der Materialismus kann bis heute keine befriedigende Antwort auf das Problem des Bewusstseins geben. Während er in vielen Bereichen der Wissenschaft zu beeindruckenden Fortschritten geführt hat, bleibt die Natur der subjektiven Erfahrung eines der größten ungelösten Rätsel. Die Einsichten von Chalmers und Hoffman zeigen, dass eine materialistische Erklärung des Bewusstseins möglicherweise grundsätzlich unzureichend ist – und dass es notwendig sein könnte, über den Materialismus hinauszudenken.

Die Grenzen materialistischer Erklärungen der Realität

Der Materialismus gerät nicht nur beim Bewusstsein an seine Grenzen, sondern auch in seinem fundamentalen Verständnis der Realität. Während die klassische Physik den Eindruck erweckte, dass Materie eine stabile, greifbare Grundlage der Welt sei, zeigen moderne Erkenntnisse der Quantenmechanik, dass diese Vorstellung zu kurz greift. Subatomare Teilchen verhalten sich nicht wie feste Objekte, sondern folgen Wahrscheinlichkeitsgesetzen und sind in einem bestimmten Sinne erst durch Beobachtung determiniert. Dies widerspricht der materialistischen Vorstellung einer objektiven, unabhängigen Realität.

Donald Hoffman erweitert diese Erkenntnisse, indem er postuliert, dass Raum und Zeit selbst nicht fundamentale Bestandteile der Wirklichkeit sind, sondern lediglich eine Art „Benutzeroberfläche", die unser Bewusstsein erschafft, um mit der Realität zu interagieren. Dies bedeutet, dass unsere Vorstellung von Materie, Kausalität und physikalischen Gesetzen möglicherweise nur eine vereinfachte Darstellung einer viel tieferen, uns unbekannten Realität ist.

Ein weiteres Problem des Materialismus liegt in seinem Versuch, alles auf Teilchenphysik und physikalische Wechselwirkungen zu reduzieren. Diese extreme Reduktion ignoriert emergente Phänomene – also Eigenschaften und Strukturen, die auf höherer Ebene entstehen und nicht allein aus den Einzelteilen erklärt werden können. Beispielsweise ist das Bewusstsein mehr als die bloße Summe neuronaler Aktivitäten, genauso wie Leben mehr ist als eine Anhäufung chemischer Prozesse. Das materialistische Weltbild scheitert daran, diese emergenten Eigenschaften zu erfassen und schlüssig zu erklären.

Diese Grenzen des Materialismus legen nahe, dass die materielle Welt nicht das einzige oder sogar nicht einmal das primäre Fundament der Realität ist. Anstatt alles auf Materie und physikalische Wechselwirkungen zu reduzieren, könnte ein erweitertes Verständnis der Wirklichkeit notwendig sein – eines, das Bewusstsein und transzendente Prinzipien mit einbezieht.

Philosophische Kritik: Reduktionismus und das Scheitern immaterieller Aspekte

Der Materialismus stützt sich auf das Prinzip des Reduktionismus – die Annahme, dass sich alle Phänomene der Wirklichkeit, einschließlich des Bewusstseins, der Gedanken, Gefühle und Entscheidungen, letztlich auf physikalische Prozesse reduzieren lassen. Doch diese Herangehensweise stößt auf fundamentale Probleme, insbesondere wenn es um die Erklärung immaterieller Aspekte der menschlichen Existenz geht.

Eines der größten Probleme des Reduktionismus ist die Frage nach dem freien Willen. Wenn alle menschlichen Entscheidungen nur das Resultat physikalischer und chemischer Prozesse im Gehirn sind, dann bleibt für persönliche Autonomie kein Raum. Der Materialismus legt nahe, dass alle Gedanken, Handlungen und Entscheidungen durch neuronale Mechanismen vorbestimmt sind – eine Sichtweise, die mit der alltäglichen Erfahrung und dem Empfinden von Selbstbestimmung schwer vereinbar ist. Das Konzept des freien Willens wird von vielen Materialisten als Illusion betrachtet, da es keine physikalische Grundlage für eine echte Entscheidungsfreiheit gibt.

Auch das Problem der Subjektivität stellt den Materialismus vor eine große Herausforderung. Während physikalische Gesetze objektive und messbare Phänomene beschreiben, ist das individuelle Erleben – das, was es bedeutet, ein „Ich" zu sein – nicht auf solche Parameter reduzierbar. Ein Gedanke, eine Erinnerung oder eine Emotion kann nicht allein durch die Analyse neuronaler Aktivitäten in vollem Umfang erfasst werden. Das bedeutet, dass die subjektive Perspektive des Menschen ein wesentliches Element der Realität ist, das nicht durch materialistische Modelle erklärt werden kann.

Hinzu kommt, dass der Materialismus Schwierigkeiten hat, die Existenz und Bedeutung von immateriellen Konzepten wie Wahrheit, Gerechtigkeit oder Liebe zu erklären. Diese Werte sind real und beeinflussen das Leben der Menschen maßgeblich, doch sie besitzen keine physikalische Form oder messbare Eigenschaft. Wenn alles letztlich auf Materie und physikalische Prozesse zurückzuführen ist, dann stellt sich die Frage, ob moralische und ethische Prinzipien überhaupt eine objektive Basis haben können oder ob sie lediglich nützliche Illusionen sind.

Das Scheitern des Materialismus in diesen Bereichen hat dazu geführt, dass viele

Philosophen alternative Modelle suchen, die eine umfassendere Erklärung der Wirklichkeit ermöglichen. Eine solche Alternative könnte in der Annahme liegen, dass Bewusstsein eine fundamentale Eigenschaft der Realität ist und nicht bloß ein Nebenprodukt materieller Prozesse. Dieser Gedanke eröffnet neue Perspektiven für die Frage nach dem freien Willen, der Subjektivität und der Existenz von immateriellen Werten, die in einem rein materialistischen Weltbild keine befriedigende Antwort finden.

Sinn, Werte und Transzendenz im materialistischen Weltbild

Eine der größten Herausforderungen des Materialismus besteht darin, Werte wie Gerechtigkeit, Liebe oder Wahrheit in sein Weltbild zu integrieren. Diese Konzepte besitzen keine physikalische Form, sind aber dennoch essenziell für das menschliche Zusammenleben. Warum existieren solche Werte, wenn sie nicht materiell sind? Eine rein materialistische Erklärung müsste nachweisen, dass diese Werte letztlich auf evolutionäre oder soziale Mechanismen zurückzuführen sind –

doch bleibt dabei die Frage offen, ob sie objektiv gültig sind oder lediglich funktionale Konstrukte.

Ein damit verbundenes Problem ist die Begründung moralischer Werte. Wenn der Materialismus recht hat und alle Phänomene, einschließlich des menschlichen Denkens und Handelns, nur das Ergebnis physikalischer Wechselwirkungen sind, dann gibt es keine objektive Grundlage für Ethik. Werte könnten dann nicht mehr als absolute Prinzipien existieren, sondern wären lediglich kulturelle Konventionen oder Anpassungen an gesellschaftliche Notwendigkeiten. Dies führt unweigerlich zu ethischem Relativismus: Wenn moralische Prinzipien nicht objektiv sind, kann jeder Mensch oder jede Gesellschaft eigene Maßstäbe definieren, ohne dass es eine höhere, universell gültige Instanz gibt.

Schließlich stellt sich die Frage, ob die Realität nur eine Summe von Teilchenbewegungen ist oder ob mehr dahintersteckt. Wenn das gesamte Universum aus nichts weiter als physikalischen Prozessen besteht, dann wäre auch das Bewusstsein des Menschen nur eine zufällige Erscheinung chemischer Abläufe. Doch diese Sichtweise ignoriert die fundamentale Rolle, die Bewusstsein bei der Wahrnehmung und Gestaltung der Realität spielt. Selbst moderne Erkenntnisse aus der Quantenphysik deuten darauf hin, dass der Beobachter eine zentrale Rolle bei der Bestimmung dessen spielt, was als real betrachtet wird. Dies lässt darauf schließen, dass das Bewusstsein möglicherweise eine tiefere Bedeutung hat, als es das materialistische Weltbild zulässt.

Diese offenen Fragen zeigen, dass der Materialismus eine unvollständige Erklärung der Realität bietet. Werte, Sinn und Bewusstsein lassen sich nicht einfach als Nebenprodukte evolutionärer Prozesse oder physikalischer Wechselwirkungen abtun. Dies wirft die Möglichkeit auf, dass eine transzendente Dimension existiert, die über die rein materielle Welt hinausgeht und die Grundlage für die immateriellen Aspekte unseres Daseins bildet.

4. Kulturelle Kritik: Die gesellschaftlichen Folgen des Materialismus

Nihilismus und Sinnverlust

Der Materialismus hat nicht nur philosophische und wissenschaftliche Schwächen, sondern auch tiefgreifende Auswirkungen auf die Kultur und das Selbstverständnis des modernen Menschen. Wenn die Welt und das menschliche Dasein ausschließlich als das Produkt zufälliger physikalischer Prozesse verstanden werden, dann stellt sich zwangsläufig die Frage nach dem Sinn des Lebens. Diese Denkweise hat zu einer existenziellen Krise geführt, die sich in vielen Bereichen der Gesellschaft widerspiegelt.

Einer der dramatischsten kulturellen Konsequenzen des Materialismus ist der Nihilismus – die Vorstellung, dass es keine objektiven Werte, keinen höheren Sinn und keine letztgültige Bedeutung des Lebens gibt. Wenn der Mensch nichts weiter ist als ein biologischer Organismus, dessen Existenz auf evolutionären Zufällen basiert, dann erscheint jede Suche nach einem tieferen Sinn als vergeblich. Diese Perspektive hat in der Moderne weitreichende Folgen gehabt und zur weitverbreiteten Orientierungslosigkeit beigetragen, die viele Menschen heute empfinden.

Friedrich Nietzsche erkannte diese Gefahr bereits im 19. Jahrhundert, als er vom „Tod Gottes" sprach. Er meinte damit nicht nur den Niedergang des christlichen Glaubens, sondern die umfassende Zerstörung eines übergeordneten Wertesystems, das der Menschheit über Jahrhunderte hinweg Orientierung gegeben hatte. Wenn Gott nicht mehr als Fundament der Moral und des Sinns anerkannt wird, dann bleibt nur noch der Mensch selbst, um diese Lücke zu füllen. Doch Nietzsche warnte davor, dass die meisten Menschen dieser Herausforderung nicht gewachsen seien. Ohne eine übergeordnete Bedeutung bliebe ihnen nur der Nihilismus – ein Zustand, in dem alle Werte entleert und alle Sinnfragen unbeantwortet bleiben.

Diese Entwicklung ist heute deutlich sichtbar. Der moderne Mensch lebt in einer Welt, die von Wohlstand und technologischer

Entwicklung geprägt ist, aber gleichzeitig eine tiefe Sinnleere aufweist. Die steigenden Raten an Depressionen, Angststörungen und sozialer Entfremdung können als Symptome einer Gesellschaft verstanden werden, die ihre metaphysischen Wurzeln verloren hat. Während frühere Kulturen den Menschen als Teil eines größeren, transzendenten Zusammenhangs sahen, reduziert der Materialismus ihn auf eine bloße biologische Maschine, die ohne Zweck oder höhere Bestimmung existiert.

Die Frage ist, ob eine Gesellschaft langfristig ohne ein solches übergeordnetes Wertesystem existieren kann. Wenn Moral, Wahrheit und Sinn nur soziale Konstrukte sind, die keinen objektiven Bestand haben, dann ist jede normative Ordnung letztlich beliebig. Dies öffnet Tür und Tor für moralischen Relativismus und eine immer stärkere Fragmentierung gesellschaftlicher Werte. In diesem Kontext erscheint der Materialismus nicht als neutrale wissenschaftliche Theorie, sondern als eine Weltanschauung mit tiefgreifenden kulturellen Konsequenzen.

Materialismus und Identität

Ein weiteres zentrales Problem des Materialismus ist seine Sicht auf die menschliche Identität. Der Materialismus betrachtet den Menschen als eine hochentwickelte biologische Maschine, deren Gedanken, Gefühle und Entscheidungen letztlich auf neuronale Prozesse und chemische Reaktionen im Gehirn zurückzuführen sind. Diese Sichtweise mag aus wissenschaftlicher Perspektive funktional erscheinen, doch sie führt zu einer tiefgreifenden philosophischen und existenziellen Problematik: der Entfremdung des Menschen von sich selbst.

Wenn Bewusstsein, Persönlichkeit und Identität lediglich epiphänomenale, also wirkungslose oder unwirkliche Erscheinungen physikalischer Prozesse sind, verliert das Konzept des „Ich" jede tiefere Bedeutung. Der Mensch wird zu einem zufälligen Produkt der Evolution, ohne inhärenten Wert oder höhere Bestimmung. Dies kann das Gefühl hervorrufen, nicht mehr Subjekt seines eigenen Lebens zu sein, sondern lediglich ein biologischer Automat, dessen Verhalten durch physikalische Gesetzmäßigkeiten determiniert ist. Die Vorstellung von persönlicher Verantwortung, ethischer Integrität oder gar spiritueller Entwicklung wird in einem strengen materialistischen Rahmen zunehmend bedeutungslos.

Im Gegensatz dazu sahen traditionelle Weltbilder den Menschen stets als Teil eines größeren, sinnhaften Ganzen. In den meisten religiösen und spirituellen Traditionen existiert die Vorstellung, dass der Mensch eine unsterbliche Seele besitzt oder in eine höhere Ordnung eingebunden ist. Diese Sichtweise verlieh dem menschlichen Dasein nicht nur Bedeutung, sondern auch eine Orientierung im Leben. Die Verbindung zwischen Mensch und Transzendenz war eine Quelle von Identität, moralischer Verantwortung und persönlichem Wachstum.

Der Materialismus hat diese Verbindung gekappt. Er reduziert den Menschen auf ein rein physikalisches Wesen und negiert die Möglichkeit einer transzendenten Bestimmung. Dies führt nicht nur zu einer existenziellen Leere, sondern auch zu einer zunehmenden Identitätskrise in der modernen Gesellschaft. Viele Menschen fühlen sich entwurzelt und ohne klare Richtung, da es in einem materialistischen Weltbild keine übergeordneten Prinzipien oder objektiven Werte gibt, die dem Leben Bedeutung verleihen könnten.

Diese Reduktion des Menschen auf eine bloße biologische Maschine ignoriert zudem, dass viele der tiefsten menschlichen Erfahrungen – Liebe, Hoffnung, Intuition, spirituelle Erlebnisse – nicht rein physikalisch erklärbar sind. Selbst moderne Neurowissenschaften können nicht vollständig erfassen, was es bedeutet, ein bewusstes, fühlendes Wesen mit einem Sinn für das Selbst zu sein. Die materialistische Sichtweise erweist sich hier als unzureichend und wird zunehmend infrage gestellt.

Letztlich bleibt die Frage offen, ob eine Gesellschaft, die den Menschen nur als neuronale Maschine betrachtet, langfristig in der Lage ist, Identität, Werte und ein kohärentes ethisches System aufrechtzuerhalten. Oder ob die Entfremdung, die durch den Verlust einer transzendenten Dimension entsteht, zu einer weiteren Desintegration der menschlichen Kultur und Gesellschaft führt.

Kollaps traditioneller Werte und Orientierungslosigkeit

Der Siegeszug des Materialismus hat tiefgreifende Auswirkungen auf die moralische und spirituelle Orientierung der modernen Gesellschaft. Über Jahrhunderte hinweg waren religiöse und philosophische Weltbilder zentrale Ankerpunkte für individuelle und kollektive Wertvorstellungen. Sie gaben dem Menschen nicht nur eine moralische Richtung, sondern auch eine tiefere Bedeutung seines Daseins. Mit der fortschreitenden Dominanz des materialistischen Denkens sind diese traditionellen Werte jedoch zunehmend erodiert.

Moderne Gesellschaften, die sich primär auf Wissenschaft, Technik und wirtschaftliche Effizienz stützen, haben es weitgehend verlernt, übergeordnete metaphysische Prinzipien ernst zu nehmen. In einer Welt, in der alles auf Materie und physikalische

Wechselwirkungen reduziert wird, erscheint die Frage nach dem Sinn des Lebens als irrational oder gar irrelevant. Während frühere Generationen ihr Leben in den Kontext eines höheren Plans oder göttlichen Willens stellten, wird heute häufig nur noch das Hier und Jetzt als maßgeblich betrachtet. Dies führt zu einer Orientierungslosigkeit, die sich sowohl individuell als auch gesellschaftlich bemerkbar macht.

Obwohl Wissenschaft und Technik immense Fortschritte erzielt haben und unzählige praktische Probleme gelöst wurden, haben sie keine tiefere Bedeutung geliefert. Medizin kann Krankheiten heilen und das Leben verlängern, aber sie kann nicht erklären, warum das Leben lebenswert ist. Fortschritte in der Informatik und Kommunikationstechnologie haben die Welt vernetzter gemacht, aber sie haben nicht beantwortet, was echte menschliche Verbindung bedeutet. In einer materialistischen Weltordnung gibt es keine objektiven moralischen Prinzipien mehr – nur individuelle oder gesellschaftlich konstruierte Normen, die beliebig verändert werden können.

Diese Entwicklung führt dazu, dass viele Menschen sich innerlich verloren fühlen. Die Abwesenheit eines transzendenten Bezugspunkts erzeugt ein Vakuum, das sich nicht einfach durch materielle Errungenschaften oder Konsum ersetzen lässt. Die wachsende psychische Belastung, Sinnkrisen und der Verlust eines übergeordneten Lebensziels sind Symptome einer Welt, die sich selbst von ihren metaphysischen Wurzeln abgeschnitten hat.

Letztlich stellt sich die Frage, ob eine Gesellschaft, die sich ausschließlich auf materialistische Prinzipien stützt, langfristig bestehen kann. Eine Welt ohne metaphysische Dimension bleibt letztlich leer – sie kann dem Menschen Werkzeuge an die Hand geben, aber keinen Zweck, dem sie dienen. Die Antwort auf existenzielle Fragen lässt sich nicht in der Mechanik des Universums finden, sondern nur in einer Perspektive, die über das rein Materielle hinausgeht.

5. Fazit und Übergang zur nächsten Thematik

Zusammenfassung der zentralen Kritikpunkte

Die materialistische Weltanschauung hat über die letzten Jahrhunderte die westliche Denkweise maßgeblich geprägt. Sie hat bedeutende wissenschaftliche und technologische Errungenschaften hervorgebracht und unser Verständnis von der physischen Welt revolutioniert. Doch trotz dieser Fortschritte bleibt der Materialismus eine unvollständige Erklärung der Realität, da er grundlegende Fragen unbeantwortet lässt.

Ein zentrales Problem ist die Unfähigkeit des Materialismus, das Bewusstsein adäquat zu erklären. Die Vorstellung, dass Bewusstsein lediglich eine emergente Eigenschaft der Materie sei, stößt auf gravierende Widersprüche. Bis heute gibt es keine überzeugende Antwort auf das „harte Problem des Bewusstseins" – warum wir subjektive Erfahrungen haben und wie aus rein physikalischen Prozessen Erleben und Selbstbewusstsein entstehen können. Theorien wie die von

Donald Hoffman zeigen auf, dass unser Bild der Realität möglicherweise eine Illusion ist und dass das Bewusstsein eine fundamentalere Rolle spielen könnte, als es die materialistische Wissenschaft bislang annimmt.

Auch in Bezug auf Sinnfragen bleibt der Materialismus unzureichend. Wenn das Universum nur aus zufälligen physikalischen Prozessen besteht, dann gibt es keine objektive Bedeutung für das menschliche Leben. Moralische Werte, Gerechtigkeit oder Wahrheit wären dann keine fundamentalen Prinzipien, sondern bloße Konstruktionen, die sich beliebig verändern lassen. Doch diese Vorstellung steht im Widerspruch zu unserem tief verwurzelten Bedürfnis nach Sinn und Orientierung. Die materialistische Sichtweise führt daher nicht zu einer befriedigenden Antwort auf die existenziellen Fragen, die sich jeder Mensch früher oder später stellt.

Gesellschaftlich hat die Dominanz des Materialismus zu einer tiefgreifenden Orientierungslosigkeit geführt. Traditionelle Werte und spirituelle Ankerpunkte wurden durch eine rein funktionale, auf Effizienz und

Konsum ausgerichtete Sichtweise ersetzt. Dies hat dazu beigetragen, dass sich viele Menschen von sich selbst und ihrer Umwelt entfremdet fühlen. Identitätskrisen, Sinnverlust und der Anstieg psychischer Erkrankungen sind nur einige der Symptome einer Welt, die sich von der Transzendenz losgelöst hat.

Die hier dargestellte Kritik macht deutlich, dass der Materialismus nicht die letzte Antwort auf die großen Fragen der Menschheit sein kann. Die nächste Thematik unseres Buches wird sich daher mit einer alternativen Sichtweise beschäftigen – einer Perspektive, die über den Materialismus hinausgeht und nach einer tieferen Wahrheit sucht.

Überleitung zur nächsten Diskussion

Die bisherigen Überlegungen zeigen, dass der Materialismus keine umfassende Erklärung für die grundlegenden Fragen der menschlichen Existenz liefern kann. Er hat zwar unser wissenschaftliches Verständnis der Welt erweitert, stößt aber spätestens bei Bewusstsein, Sinn und Werten an seine

Grenzen. Wenn jedoch das materialistische Weltbild nicht ausreicht, um die Realität in ihrer ganzen Tiefe zu erfassen, dann stellt sich die Frage: Welche alternativen Ansätze könnten eine bessere Erklärung bieten?

Um den Ursprung von Bewusstsein, die Natur der Realität und den Sinn des Lebens zu verstehen, müssen wir über den Materialismus hinausdenken. Das bedeutet nicht, wissenschaftliche Erkenntnisse abzulehnen, sondern sie in einen größeren Kontext einzubetten – einen Kontext, der auch transzendente Perspektiven berücksichtigt. Ansätze wie die von Donald Hoffman, die Bewusstsein als primäre Realität betrachten, oder Christopher Langans Konzept eines intelligent strukturierten Universums zeigen, dass es ernstzunehmende Alternativen gibt, die nicht einfach nur Spekulation sind, sondern philosophisch und wissenschaftlich fundierte Denkrichtungen darstellen.

Die nächste Diskussion wird sich daher mit der Möglichkeit befassen, dass die materielle Welt nicht die grundlegende Ebene der Existenz ist, sondern selbst auf etwas Tieferem,

Metaphysischem gründet. Wir werden untersuchen, inwiefern transzendente Perspektiven dazu beitragen können, Bewusstsein, Realität und Sinn in eine umfassendere Erklärung einzubetten. Dabei wird deutlich werden, dass ein Weltbild, das Bewusstsein als fundamental betrachtet, weitreichende Implikationen für unser Selbstverständnis, unsere Wissenschaft und unsere Ethik hat.

Die Frage ist also nicht mehr, ob es über den Materialismus hinaus eine tiefere Wahrheit gibt – sondern welche Form diese Wahrheit haben könnte.

Kapitel 2: Wahrnehmung als Illusion (Donald Hoffman)

Wir wollen uns jetzt die radikalen Erkenntnisse von Donald Hoffman ansehen, der unsere übliche Vorstellung von Realität infrage stellt. Der zentrale Gedanke: Das, was wir als die objektive Welt wahrnehmen, ist nicht die wahre Struktur der Realität, sondern eine Art „Benutzeroberfläche", die unser Bewusstsein konstruiert, um sich in der Welt zurechtzufinden.

Wir werden die vier Hauptaspekte von Hoffmans Theorie behandeln und kritisch reflektieren.

1. Raum-Zeit als Benutzeroberfläche

Unser alltägliches Verständnis von Realität basiert auf der Annahme, dass Raum und Zeit fundamentale Bestandteile der Wirklichkeit sind. Wir erleben die Welt dreidimensional, mit festen Entfernungen, Bewegungen und zeitlichen Abläufen, die uns selbstverständlich erscheinen. Doch Donald Hoffman stellt diese Annahme radikal infrage. Seiner

Theorie zufolge sind Raum und Zeit keine objektiven Eigenschaften der Realität, vielmehr werden sie von unserem Bewusstsein konstruiert, damit wir uns in einer komplexeren, uns verborgenen Wirklichkeit zurechtzufinden können.

Um diesen Gedanken greifbarer zu machen, zieht Hoffman eine Analogie zur digitalen Welt: Wenn wir mit einem Computer arbeiten, sehen wir eine grafische Benutzeroberfläche mit Symbolen, Fenstern und Menüs. Ein Dokument wird durch ein Symbol auf dem Bildschirm dargestellt – doch dieses Symbol gibt uns keinerlei Einblick in die zugrundeliegenden elektronischen Prozesse, die auf der Hardware-Ebene des Computers ablaufen. Das Symbol dient lediglich der Vereinfachung, damit wir effizient damit umgehen können. Ähnlich verhält es sich laut Hoffman mit unserer Wahrnehmung von Raum und Zeit: Sie sind nicht die wahre „Hardware" der Realität, sondern eine evolutionär entwickelte Benutzeroberfläche, die es uns ermöglicht, in einer für uns unsichtbaren tieferen Realität zu agieren.

Diese These stellt unser gesamtes Verständnis der Welt auf den Kopf. Während die klassische Physik davon ausgeht, dass Raum und Zeit die grundlegenden Koordinaten der Realität sind, argumentiert Hoffman, dass sie lediglich Werkzeuge sind, die unser Bewusstsein nutzt, um mit der Realität zu interagieren. In diesem Sinne haben wir es mit einer Illusion zu tun – aber nicht im Sinne eines Irrtums, sondern im Sinne einer notwendigen Vereinfachung, die unser Überleben ermöglicht.

Die Konsequenzen dieser Sichtweise sind weitreichend. Wenn Raum und Zeit nicht fundamental sind, sondern lediglich eine Erscheinung innerhalb unseres Wahrnehmungsmodells, dann müssen wir unser gesamtes wissenschaftliches Weltbild überdenken. Moderne Physik, insbesondere die Quantenmechanik, hat bereits Hinweise darauf geliefert, dass Raum und Zeit nicht die absoluten Konstanten sind, für die wir sie lange gehalten haben. Verschränkungseffekte, Nicht-Lokalität und andere quantenmechanische Phänomene deuten darauf hin, dass das Universum auf einer Ebene funktioniert, die sich der herkömmlichen Vorstellung von räumlicher Distanz und zeitlicher Abfolge entzieht.

Doch wenn Raum und Zeit nur eine Benutzeroberfläche sind – was verbirgt sich dann dahinter? Welche tiefere Realität existiert jenseits unserer Wahrnehmung? Hoffmans Theorie legt nahe, dass es sich nicht um eine materielle Struktur handelt, sondern um eine Dimension, die primär aus Bewusstsein besteht. Hier beginnt die eigentliche philosophische Herausforderung: Ist unser gesamtes physisches Weltbild nur eine grobe Vereinfachung einer immateriellen Realität, die wir bisher nicht direkt erfassen können?

Diese Fragen führen uns direkt zur nächsten Überlegung: Wenn unsere Wahrnehmung nicht auf Wahrheit, sondern auf Nützlichkeit optimiert wurde, bedeutet das, dass wir niemals die wahre Realität erkennen können? Dieses Problem adressiert Hoffman mit seinem „Fitness beats Truth"-Theorem – ein Konzept, das wir nun näher betrachten werden.

2. „Fitness beats Truth"-Theorem

Wenn Raum und Zeit nur eine Art Benutzeroberfläche sind, die uns hilft, in einer tieferen, uns verborgenen Realität zu navigieren, dann stellt sich eine entscheidende Frage: Warum erleben wir die Welt so, wie wir sie erleben? Warum hat sich genau diese Form der Wahrnehmung durchgesetzt?

Donald Hoffmans Antwort darauf lautet: Unsere Wahrnehmung ist nicht dazu da, die wahre Natur der Realität zu erkennen – sie dient allein unserem Überleben. Seine Hypothese fasst er im „Fitness beats Truth"-Theorem zusammen, das besagt, dass evolutionär betrachtet nicht diejenigen Organismen einen Vorteil haben, die die Realität objektiv wahrnehmen, sondern diejenigen, deren Wahrnehmung die höchsten Überlebenschancen sichert. Mit anderen Worten: Wahrheit ist biologisch irrelevant – es zählt nur, was funktioniert.

Die Evolution der Wahrnehmung: Wahrheit oder Überlebensvorteil?

Hoffman argumentiert, dass sich unsere Sinne im Laufe der Evolution nicht darauf spezialisiert haben, die Welt so zu sehen, wie sie tatsächlich ist, sondern vielmehr darauf, uns eine funktionale, angepasste Sichtweise zu liefern. Ein klassisches Beispiel hierfür sind optische Täuschungen: Sie zeigen, dass unser Gehirn darauf programmiert ist, bestimmte Muster und Zusammenhänge wahrzunehmen, selbst wenn sie physikalisch nicht exakt mit der Realität übereinstimmen. Unser visuelles System ist nicht darauf optimiert, die exakte Struktur der Umgebung zu entschlüsseln, sondern darauf, schnell lebenswichtige Informationen zu verarbeiten.

Hoffmans mathematische Modelle und Simulationen, die er mit Kollegen entwickelt hat, stützen diese These. In diesen Modellen traten virtuelle Organismen in einer simulierten Umgebung in einen evolutionären Wettbewerb. Die Ergebnisse waren eindeutig: Diejenigen, die die Realität präziser wahrnahmen, hatten keinen Selektionsvorteil gegenüber jenen, die eine verzerrte, aber für das Überleben optimierte Wahrnehmung hatten. Mit anderen Worten: Die Evolution bevorzugt nicht diejenigen, die die Welt „richtig" sehen, sondern diejenigen, die sie auf eine Weise sehen, die ihnen in ihrer Umwelt den größten Vorteil verschafft.

Die erkenntnistheoretische Herausforderung: Ist Wahrheit unerreichbar?

Wenn Hoffmans Theorie stimmt, dann hat das tiefgreifende Konsequenzen für unser Verständnis von Erkenntnis und Wahrheit. In der klassischen Wissenschaft und Philosophie wurde oft davon ausgegangen, dass unsere Sinne uns eine immer genauere Abbildung der Realität liefern. Doch wenn unsere Wahrnehmung primär ein Überlebenswerkzeug ist, könnte es sein, dass wir niemals Zugang zur wahren Natur der Wirklichkeit haben.

Dies erinnert an Kants Unterscheidung zwischen Ding an sich und Erscheinung. Kant argumentierte, dass wir niemals die objektive Realität (das „Ding an sich") erkennen, sondern nur ihre Erscheinungsform, wie sie sich unseren Sinnen und unserem Verstand präsentiert. Hoffmans Ansatz könnte als eine

74

moderne, evolutionär begründete Variante dieser Erkenntnistheorie verstanden werden.

Doch ist Wahrheit damit gänzlich unerreichbar? Oder gibt es Wege, die Illusionen unserer Wahrnehmung zu durchbrechen? Hier eröffnet sich ein spannendes Spannungsfeld zwischen Hoffmans These und klassischen philosophischen sowie transzendenten Weltbildern. Ist Bewusstsein möglicherweise der Schlüssel, um über die bloße Illusion der Sinneswahrnehmung hinauszugehen?

Diese Fragen führen uns direkt zum nächsten zentralen Punkt: Hoffmans Hypothese, dass nicht Materie die Grundlage der Realität ist, sondern Bewusstsein selbst.

3. Bewusstsein als Grundlage der Realität

Nachdem Donald Hoffman gezeigt hat, dass Raum, Zeit und Materie möglicherweise keine fundamentalen Bestandteile der Wirklichkeit sind, sondern lediglich nützliche Konstrukte unseres Bewusstseins, ergibt sich eine entscheidende Frage: Was ist dann die wahre Natur der Realität?

Hoffman bietet eine radikale Antwort: Die Grundstruktur der Wirklichkeit ist nicht materieller, sondern geistiger Natur. Unser gesamtes physikalisches Universum — mit all seinen Gesetzen, Objekten und Interaktionen — ist nicht die eigentliche Realität, sondern eine Erscheinung innerhalb eines Netzwerks bewusster Interaktionen. Materie ist also nicht das Fundament des Seins, sondern eine abgeleitete Erscheinung, die erst durch Bewusstsein entsteht.

Hoffmans Alternativmodell: Realität als Netzwerk von Bewusstseinseinheiten

Laut Hoffman besteht die Realität aus einem riesigen Geflecht bewusster Akteure, die miteinander interagieren und so das hervorbringen, was wir als „physikalische Welt" wahrnehmen. Diese bewussten Akteure oder „Conscious Agents", wie Hoffman sie nennt, bilden die eigentliche Grundlage der Existenz. Materie, Raum und Zeit sind lediglich das Endprodukt dieser Interaktionen —

ähnlich wie die Pixel auf einem Bildschirm keine eigenständige Realität besitzen, sondern nur ein Produkt der darunterliegenden digitalen Berechnungen sind.

Diese Sichtweise ist revolutionär, weil sie den klassischen Materialismus auf den Kopf stellt. In der konventionellen Wissenschaft geht man davon aus, dass Materie existiert und Bewusstsein ein Nebenprodukt von materiellen Prozessen ist. Hoffman kehrt dieses Verhältnis um: Nicht das Gehirn erzeugt Bewusstsein, sondern Bewusstsein erzeugt das, was wir als Gehirn und materielle Welt wahrnehmen.

Philosophische Parallelen: Idealismus und transzendentale Theorien

Hoffmans These erinnert stark an idealistische und transzendentale philosophische Ansätze, die seit Jahrhunderten ähnliche Überlegungen formuliert haben.

Platon argumentierte, dass die wahrnehmbare Welt nur eine Schattenprojektion einer höheren geistigen Wirklichkeit sei – eine

Idee, die mit Hoffmans Modell erstaunliche Parallelen aufweist.

Wie wir bereits gesehen haben, unterschied Immanuel Kant zwischen der Welt, wie sie „an sich" ist, und der Welt, wie wir sie wahrnehmen.

George Berkeley, einer der prominentesten Vertreter des Idealismus, behauptete, dass „Sein" nichts anderes bedeutet als „Wahrgenommen werden" („esse est percipi"). Realität existiert demnach nur insofern, als sie in einem Geist wahrgenommen wird. Auch hier gibt es eine direkte Verbindung zu Hoffmans Modell, in dem Bewusstsein die eigentliche Grundlage der Existenz bildet.

Diese philosophischen Ansätze zeigen, dass Hoffmans Theorie zwar revolutionär erscheint, aber tief in einer langen Tradition des Denkens über Realität und Bewusstsein verwurzelt ist.

Kann diese Sichtweise als neue Grundlage für unser Weltbild dienen?

Hoffmans Theorie stellt eine Herausforderung für unser gesamtes Weltbild dar. Wenn

Bewusstsein tatsächlich die Basis der Realität ist, dann müssen viele der Annahmen, die in der modernen Wissenschaft als selbstverständlich gelten, neu überdacht werden. Das betrifft nicht nur Physik und Biologie, sondern auch unsere Konzepte von Identität, Individualität und Transzendenz.

Allerdings wirft diese Sichtweise auch zahlreiche Fragen auf:

Wenn die physische Welt eine Konstruktion des Bewusstseins ist, gibt es dann eine übergeordnete, absolute Wirklichkeit jenseits individueller Wahrnehmung?

Ist Bewusstsein eine einheitliche Entität oder gibt es eine Hierarchie von Bewusstseinsformen?

Führt Hoffmans Modell zu einer Art Pantheismus, in dem alles durch ein gemeinsames Bewusstsein verbunden ist, oder bleibt es bei einem rein funktionalen Modell ohne spirituelle Implikationen?

Diese Fragen werden entscheidend dafür sein, ob Hoffmans Theorie nur als eine interessante erkenntnistheoretische Hypothese betrachtet wird oder ob sie tatsächlich als ein neues Fundament für unser Verständnis der Realität dienen kann.

Es ist an der Zeit sich mit einer kritischen Reflexion dieser Theorie befassen: Wo liegen die Stärken von Hoffmans Modell, wo seine Grenzen, und wie lässt es sich mit einem transzendenten Weltbild in Einklang bringen?

4. Reflexion: Chancen und Schwächen von Hoffmans Theorie im Kontext eines transzendenten Weltbildes

Donald Hoffmans Theorie stellt eine radikale Abkehr vom klassischen Materialismus dar. Indem er argumentiert, dass Raum, Zeit und Materie nicht die fundamentalen Bestandteile der Realität sind, sondern lediglich Erscheinungen innerhalb eines Netzwerks bewusster Interaktionen, öffnet er die Tür für eine ganz neue Sichtweise der Existenz. Doch wie weit reicht sein Modell wirklich? Kann es als Grundlage für eine umfassendere, transzendente Weltsicht dienen, oder bleibt es letztlich in einem agnostischen Rahmen stecken?

Stärken von Hoffmans Theorie: Ein neues Paradigma jenseits des Materialismus

Hoffmans Modell bietet mehrere entscheidende Vorteile für eine nicht-materialistische Betrachtung der Realität:

Abkehr von der Materie als Grundprinzip

Die Vorstellung, dass Bewusstsein und nicht Materie die Basis der Existenz ist, stellt eine fundamentale Umkehrung des traditionellen naturwissenschaftlichen Weltbildes dar. Dies eröffnet die Möglichkeit, Realität nicht mehr nur mechanistisch zu betrachten, sondern als etwas, das auf mentalen, geistigen oder sogar spirituellen Prinzipien beruht.

Überwindung der Wahrnehmungsillusion

Indem Hoffman zeigt, dass unsere Sinne uns keine objektive Realität vermitteln, sondern nur eine nützliche Benutzeroberfläche, entlarvt er einen der Kernirrtümer des Materialismus: die naive Annahme, dass das, was wir sehen und messen, mit der wahren Natur der Welt identisch sei. Dies erinnert stark an philosophische Positionen wie Kants Unterscheidung zwischen Ding an sich und Erscheinung oder Berkeleys Idealismus.

Kompatibilität mit spirituellen Konzepten

Auch wenn Hoffman sich explizit von religiösen Konzepten distanziert, ist seine Theorie in vielerlei Hinsicht offen für transzendente Perspektiven. Seine Idee eines Netzwerks bewusster Akteure erinnert an Vorstellungen aus der Mystik, dem Vedanta oder sogar christlichen Konzepten eines geistig geordneten Universums. Ein derartiges Bewusstseinsmodell kann als Vorstufe zu einer tieferen, personalistischen Theologie gesehen werden.

Kritikpunkte: Die Grenzen von Hoffmans Modell

So vielversprechend Hoffmans Ansatz auch ist, bleibt er in einigen wesentlichen Punkten unvollständig:

Fehlende Personalisierung des Bewusstseins

Hoffman spricht von Bewusstsein als einem Netzwerk bewusster Agenten, beschreibt diese aber rein funktional. Die entscheidende Frage bleibt unbeantwortet: Ist dieses Bewusstsein selbst eine bewusste, intentionale Entität – also eine Person? Oder handelt es sich lediglich um ein unpersönliches Prinzip? Diese Unterscheidung ist von enormer Tragweite, denn wenn Bewusstsein nur ein abstraktes Konstrukt ist, dann bleibt das Modell letztlich agnostisch.

Keine klare Erklärung für Ursprung und Ziel der Realität

In einem transzendenten Weltbild stellt sich die Frage nach dem Ursprung und dem Zweck der Existenz. Hoffmans Modell beschreibt lediglich, wie Wahrnehmung funktioniert, aber nicht, warum es überhaupt Bewusstsein gibt. Eine vollständigere Theorie müsste nicht nur die Struktur der Realität beschreiben, sondern auch deren tiefere Ursache und ihr finales Ziel.

Kein Bezug zur moralischen Dimension

Während traditionelle spirituelle Systeme eine Verbindung zwischen Bewusstsein und Ethik herstellen – etwa durch die Vorstellung eines personalen Schöpfers mit moralischen Prinzipien –, bleibt Hoffmans Theorie auf einer rein erkenntnistheoretischen Ebene stehen. Ein Weltbild, das Bewusstsein als Basis der Realität betrachtet, müsste auch eine Antwort darauf geben, was dies für Begriffe wie Wahrheit, Gut und Böse oder Sinn bedeutet.

Übergang zur nächsten Thematik: Die Notwendigkeit einer transzendenten, personalistischen Sichtweise

Hoffmans Ansatz ist ein bedeutender Schritt hin zu einer nicht-materialistischen Weltsicht. Er zeigt überzeugend auf, dass die klassische Vorstellung einer objektiven, aus Materie bestehenden Welt nicht haltbar ist und dass Bewusstsein eine zentrale Rolle spielt. Doch um ein wirklich kohärentes Weltbild zu erschaffen, braucht es eine Weiterentwicklung seiner Theorie.

Die nächste Thematik unseres Buches wird daher einen entscheidenden Schritt weitergehen: Wenn Bewusstsein die Grundlage der Realität ist, liegt es dann nicht nahe, dass es selbst eine bewusste Quelle hat? Anstatt von einem abstrakten Netzwerk bewusster Agenten auszugehen, wäre eine personalistische Interpretation die konsequente Weiterführung von Hoffmans Ansätzen. Ein personaler Gott als Ursprung des Bewusstseins könnte nicht nur die Struktur der Realität erklären, sondern auch ihre moralische und teleologische Dimension.

Damit nähern wir uns dem nächsten zentralen Aspekt: der Möglichkeit eines transzendenten, personalen Bewusstseins als Ursache und Sinngeber der Existenz.

Exkurs: Federico Faggin – Die kreative Dimension des Bewusstseins

Während Donald Hoffman die Realität als eine Benutzeroberfläche beschreibt, die von Bewusstsein hervorgebracht wird, und Christopher Langan, den wir im nächsten Kapitel ausführlich betrachten, Bewusstsein als fundamentale selbstreferentielle Struktur der Realität versteht, gibt es noch eine weitere spannende Perspektive auf dieses Thema. Der Physiker und Informatiker Federico Faggin, bekannt als einer der Erfinder des ersten kommerziellen Mikroprozessors, hat sich nach jahrzehntelanger Arbeit in der Technologiebranche intensiv mit den Fragen des Bewusstseins beschäftigt. Seine Überzeugung: Bewusstsein ist nicht nur fundamental, sondern auch kreativ, intentional und nicht algorithmisch beschreibbar.

Bewusstsein als lebendige, schöpferische Kraft

Faggin kam durch eigene Erfahrungen zu dem Schluss, dass Bewusstsein nicht als bloße Informationsverarbeitung erklärt werden kann. Während klassische Ansätze es oft als ein Nebenprodukt neuronaler Prozesse betrachten, argumentiert er, dass Bewusstsein die Grundlage der Existenz ist — aber mit einer entscheidenden Ergänzung:

Bewusstsein ist nicht statisch oder mechanisch, sondern kreativ.

Freier Wille ist real und nicht bloß eine Illusion, die aus physikalischen Prozessen entsteht.
Das Universum ist kein bloßer Mechanismus, sondern ein lebendiger, bewusster Organismus, der sich selbst erfährt.

Diese Sichtweise unterscheidet sich von Hoffmans Modell, das Bewusstsein zwar als fundamental betrachtet, aber oft abstrakt und systemisch beschreibt. Faggin betont dagegen die individuelle, erlebte und schöpferische Natur des Bewusstseins, die nicht nur Strukturen erkennt, sondern aktiv formt.

Warum kann Bewusstsein nicht algorithmisch sein?

Faggin kritisiert die Vorstellung, dass künstliche Intelligenz eines Tages Bewusstsein entwickeln könnte. Er weist darauf hin, dass Computer und Algorithmen keine eigene Innenperspektive haben. Sie können Daten verarbeiten, Muster erkennen und komplexe Berechnungen durchführen – aber sie erleben nichts.

Ein Algorithmus kann simulieren, wie ein Mensch denkt, aber er denkt nicht wirklich.
Ein Computer kann Sprache verarbeiten, aber er versteht nichts.
Eine KI kann Gesichter erkennen, aber sie hat kein eigenes Bewusstsein dafür, was ein Gesicht ist.

Diese Argumentation ist ein starkes Gegenargument gegen den Materialismus, der behauptet, dass Bewusstsein bloß ein Produkt der Gehirnchemie ist. Wenn Bewusstsein nicht berechenbar ist, sondern eine grundlegende, nicht-reduzierbare Realität, dann bedeutet das, dass es eine höhere Dimension von Sein geben muss – eine, die nicht aus toter Materie, sondern aus einer lebendigen, bewussten Essenz besteht.

Parallelen zu Hoffman und Langan

Faggins Sichtweise steht in einer interessanten Beziehung zu den Modellen von Hoffman und Langan:

Hoffman sagt: Materie ist eine Illusion, Bewusstsein ist fundamental.
Faggin ergänzt: Aber dieses Bewusstsein ist nicht nur fundamental, sondern auch kreativ, intentionell und nicht berechenbar.
Langan führt es weiter: Realität ist eine selbstreferenzielle Struktur, die Bewusstsein und Information integriert – was in eine Gottesvorstellung münden kann.

Während Hoffman eine eher erkenntnistheoretische Perspektive bietet und Langan eine mathematische, metaphysische Struktur entwirft, bringt Faggin eine lebendige, intuitive und schöpferische Dimension in die Diskussion ein. Er betont, dass Bewusstsein nicht nur das „Dachgeschoss" der Realität ist, sondern die schöpferische Kraft, die überhaupt erst Realität hervorbringt.
Implikationen für das Weltbild

89

Faggins Gedanken haben weitreichende Konsequenzen für unser Verständnis von Realität und Bewusstsein:

Materialismus kann Bewusstsein nicht erklären.

Wenn Bewusstsein fundamental und nicht algorithmisch ist, dann kann es nicht durch bloße Physik oder Chemie beschrieben werden. Das widerspricht der reduktionistischen Vorstellung, dass Geist nur eine Funktion des Gehirns ist.

Freier Wille ist real.

In einem materialistischen Universum gibt es keinen Platz für echten freien Willen – alles wäre durch physikalische Gesetze determiniert. Faggin argumentiert jedoch, dass freier Wille eine unverzichtbare Eigenschaft des Bewusstseins ist.

Das Universum ist nicht nur ein mechanisches System, sondern ein bewusster, schöpferischer Prozess.

Während klassische Physik und Informatik oft deterministische Modelle bevorzugen, zeigt Faggin, dass Realität nicht bloß berechenbar ist, sondern sich aus Bewusstsein heraus frei entfaltet. Dies schließt an Langans Konzept der Mitschöpfung an: Bewusste Wesen sind keine passiven Beobachter, sondern aktiv an der Gestaltung der Realität beteiligt.

Warum ist Faggin wichtig für unser Buch?

Indem wir Faggin in die Diskussion aufnehmen, runden wir das Bild ab, das sich aus den Modellen von Hoffman und Langan ergibt:

Hoffman zeigt, dass Bewusstsein die Grundlage der Realität ist.
Faggin betont die kreative, nicht-algorithmische Natur des Bewusstseins.
Langan liefert ein übergeordnetes metaphysisches Modell, in dem Bewusstsein in einer intelligenten, selbstreferentiellen Struktur eingebettet ist.

Faggins Ansatz kann somit als fehlendes Bindeglied dienen, das die Brücke zwischen erkenntnistheoretischen, kreativen und metaphysischen Aspekten von Bewusstsein und Realität schlägt.

Kapitel 3: Die Struktur der Realität (Christopher Langan)

1. Einführung: Warum eine neue Metaphysik notwendig ist

Die bisherigen Kapitel haben gezeigt, dass die materialistische Weltsicht an entscheidenden Punkten versagt. Donald Hoffmans Theorie hat uns vor Augen geführt, dass Raum, Zeit und Materie keine fundamentalen Bestandteile der Wirklichkeit sind, sondern lediglich eine Art Benutzeroberfläche, die unser Bewusstsein nutzt, um sich in einer tiefer liegenden Realität zurechtzufinden. Gleichzeitig wurde deutlich, dass der Materialismus weder das Bewusstsein noch Sinn und Werte zufriedenstellend erklären kann. Doch wenn das klassische, auf Materie basierende Weltbild unvollständig ist, stellt sich zwangsläufig die Frage: Welche alternative Sichtweise kann die Realität umfassender beschreiben?

Hier kommt Christopher Langan ins Spiel. Langan ist eine außergewöhnliche Figur in der philosophischen und metaphysischen

93

Debatte. Er hat keinen akademischen Werdegang im klassischen Sinne, sondern gilt als autodidaktisches Genie mit einem außergewöhnlich hohen IQ. Trotz seiner fehlenden akademischen Anerkennung hat er eine der kühnsten und anspruchsvollsten metaphysischen Theorien der Gegenwart entwickelt: das Cognitive-Theoretic Model of the Universe (CTMU). Sein Modell beansprucht, eine tiefere Struktur der Realität offenzulegen – eine Struktur, die sowohl die logischen Prinzipien der Wissenschaft als auch die transzendente Dimension des Seins integriert.

Das CTMU geht weit über klassische erkenntnistheoretische Debatten hinaus. Während Hoffmans Modell Bewusstsein als Grundlage der Realität postuliert, aber letztlich unpersönlich bleibt, macht Langan einen entscheidenden Schritt weiter: Er argumentiert, dass das Universum eine sich selbst organisierende, selbstreferenzielle Struktur besitzt, die nicht nur bewusst, sondern auch intentional ist. Damit stellt sein Modell eine mögliche Brücke zu einem personalen Gott dar – nicht als externe Entität, die außerhalb der

Schöpfung existiert, sondern als integralen Bestandteil der Struktur des Seins selbst.

Dieses Kapitel wird die zentralen Ideen des CTMU beleuchten und sie in den Kontext der bisherigen Überlegungen stellen. Welche neuen Perspektiven eröffnet Langans Modell? Inwiefern kann es dazu beitragen, die Realität kohärenter zu erklären als rein materialistische oder idealistische Theorien? Und vor allem: Kann Langans Konzept als philosophische Grundlage für ein theistisches Weltbild dienen?

Diese Fragen werden uns durch die kommenden Abschnitte leiten, während wir die tiefere Struktur der Realität erforschen.

2. Infokognition und selbstreferentielle Realität

Christopher Langans Cognitive-Theoretic Model of the Universe (CTMU) geht von einer grundlegend anderen Struktur der Realität aus, als sie in der klassischen Physik oder im Materialismus angenommen wird. Während traditionelle wissenschaftliche Modelle davon ausgehen, dass die Welt aus Materie, Energie und physikalischen Gesetzen besteht, postuliert Langan, dass die eigentliche Grundlage der Existenz nicht physikalischer, sondern kognitiver Natur ist. Seine zentrale These lautet: Realität ist nicht aus toter Materie aufgebaut, sondern aus einer untrennbaren Einheit von Information und Bewusstsein – einer Struktur, die er als Infokognition bezeichnet.

Infokognition: Realität als bewusste Information

Langan argumentiert, dass die Welt nicht wie eine mechanische Maschine funktioniert, sondern eher wie ein intelligentes, sich selbst organisierendes System. Information und Kognition sind für ihn untrennbar miteinander verbunden – eine Information existiert nur, wenn sie erkannt und interpretiert werden kann. Daher kann es keine „blinde" Information geben, sondern jede Information ist notwendigerweise eingebunden in einen kognitiven Prozess. Dies bedeutet, dass das Universum nicht nur Daten enthält, sondern auch die Fähigkeit besitzt, diese Daten zu verarbeiten – mit anderen Worten: Realität ist bewusstseinstragend.

Dieser Ansatz unterscheidet sich radikal von der klassischen Physik, in der Materie und Energie als grundlegende Bausteine des Universums betrachtet werden. Für Langan sind diese jedoch lediglich sekundäre Erscheinungen, die aus einem tieferen, informationsbasierten und kognitiven Grundprinzip hervorgehen. Realität ist somit nicht passiv oder mechanisch, sondern aktiv und selbstreferenziell – sie denkt sich selbst und ist in einem fortlaufenden Prozess der Selbsterschaffung und Selbsterkenntnis.

Selbstreferenz als Grundprinzip der Realität

Einer der revolutionärsten Aspekte von Langans Modell ist die Vorstellung, dass Realität nicht in einem externen Rahmen existiert, sondern sich selbst enthält. Klassische wissenschaftliche Modelle betrachten das Universum oft als etwas, das in Raum und Zeit „eingebettet" ist. Doch für Langan gibt es keinen übergeordneten Rahmen – die Realität ist ein sich selbst enthaltendes System, das seine eigenen Regeln definiert und sich selbst organisiert.

Diese Selbstreferenzialität bedeutet, dass das Universum nicht nur ein passives Objekt ist, sondern eine Art intelligentes Meta-System, das sich nicht von außen erklären lässt, sondern nur aus sich selbst heraus verstanden werden kann. Dies steht im Kontrast zur reduktionistischen Wissenschaft, die versucht, die Welt durch externe Gesetze zu beschreiben. Langan zeigt, dass jede vollständige Theorie der Realität notwendigerweise selbstreferentiell sein muss, weil es keinen externen Standpunkt geben kann, von dem aus man die gesamte Realität betrachten könnte.

Unterscheidung zur klassischen Physik und Vergleich mit Donald Hoffman & Federico Faggin

Langans Idee einer informationsbasierten, selbstreferenziellen Realität weist Parallelen zu Donald Hoffmans und Federico Faggins Überlegungen auf, geht aber in wesentlichen Punkten darüber hinaus.

Donald Hoffman argumentiert, dass Raum, Zeit und Materie lediglich eine „Benutzeroberfläche" unseres Bewusstseins sind, nicht aber die eigentliche Realität. Langan teilt diese Ansicht, erweitert sie jedoch um eine mathematische und logische Struktur, die die Realität nicht nur als Wahrnehmungsmodell, sondern als intelligentes, selbstgenerierendes System beschreibt.

Federico Faggin, der Entwickler des ersten Mikroprozessors und späterer Bewusstseinsforscher, vertritt eine ähnliche These: Er sieht Bewusstsein als primäre Realität und Materie als deren Manifestation. Doch während Faggin vor allem die subjektive Erfahrung von Bewusstsein betont, liefert Langan eine formale Struktur, die zeigt, warum und wie Bewusstsein eine absolute Notwendigkeit für das Bestehen von Realität ist.

Im Gegensatz zur klassischen Physik, die immer noch mit einem materialistischen Paradigma arbeitet, bieten Langan, Hoffman und Faggin alternative Modelle, die alle in die gleiche Richtung weisen: Die Welt ist kein seelenloser physikalischer Mechanismus, sondern eine kognitive Struktur, die auf Information und Bewusstsein aufbaut.

Implikationen: Eine Realität jenseits von Raum und Zeit

Die Konsequenzen von Langans Ansatz sind tiefgreifend. Wenn Information und Bewusstsein die eigentlichen Grundbausteine der Existenz sind, dann bedeutet das:

Materie, Raum und Zeit sind nicht fundamental, sondern emergente Phänomene einer tieferliegenden, kognitiv strukturierten Realität. Das Universum ist nicht mechanisch, sondern selbstbewusst und selbstorganisierend – eine Struktur, die sich aus sich selbst heraus erschafft und versteht. Wissenschaftliche Erklärungen, die nur auf Materie beruhen, sind unvollständig, weil sie die zugrundeliegende kognitive Struktur der Realität ignorieren.

Diese Überlegungen führen zwangsläufig zu einer weiteren, noch tieferen Frage: Wenn Realität auf Bewusstsein basiert – ist dieses Bewusstsein rein funktional, oder verweist es auf eine transzendente, intelligente

Quelle? Ist das Universum ein geistiges System ohne Zentrum, oder gibt es eine bewusste, personale Instanz, die dieses System trägt?

Diese Fragen leiten uns zum nächsten Abschnitt, in dem wir untersuchen werden, wie Langans Modell als Brücke zu einer transzendenten, personalistischen Weltsicht dienen könnte.

3. Gott als transzendente und immanente Identität

Christopher Langans Cognitive-Theoretic Model of the Universe (CTMU) geht über eine rein erkenntnistheoretische oder physikalische Analyse der Realität hinaus – es enthält auch einen klaren metaphysischen Kern. Während viele moderne Denker die Frage nach Gott aus wissenschaftlichen Betrachtungen ausklammern oder bestenfalls in agnostischer Form andeuten, integriert Langan Gott direkt in die Struktur der Realität. Er postuliert eine „Ultra-Intelligenz", die als Selbstbegriff des Universums fungiert – eine

Art Meta-Gott, der sowohl transzendent als auch immanent ist.

Gott als Meta-Intelligenz: Transzendenz und Immanenz vereint

In klassischen religiösen Weltbildern wird Gott entweder als transzendent oder als immanent beschrieben.

Transzendenz bedeutet, dass Gott außerhalb und unabhängig von der Schöpfung existiert. Dies ist die klassische Vorstellung in den monotheistischen Religionen: Gott ist ewig, unveränderlich und steht über der geschaffenen Welt.

Immanenz hingegen bedeutet, dass Gott nicht getrennt von der Welt ist, sondern in ihr existiert und sie durchdringt. Dies findet sich beispielsweise in pantheistischen und panentheistischen Konzepten, in denen Gott mit dem Universum identisch ist oder zumindest untrennbar mit ihm verbunden ist.

Langans Ansatz kombiniert beide Perspektiven auf eine originelle Weise. In der CTMU ist

Gott nicht nur der Schöpfer, sondern auch das universelle Prinzip der Selbsterkenntnis. Das Universum ist nicht etwas, das Gott nur erschaffen hat und dann von außen beobachtet – es ist ein sich selbst enthaltendes, intelligentes System, in dem Gott als fundamentales Prinzip des Denkens und Seins zugleich innerhalb und außerhalb der Realität existiert.

Dies bedeutet, dass Gott sowohl das universale Bewusstsein ist, das die Realität durchdringt, als auch die übergeordnete, transzendente Intelligenz, die dieses System strukturiert. Er ist der Rahmen und der Inhalt zugleich, das Gesetz und der Gesetzgeber, der Denkende und das Gedachte.

Vergleich zu klassischen Gottesbildern

Während Langans CTMU eine beeindruckende metaphysische Struktur bietet, in der Realität und Bewusstsein untrennbar miteinander verbunden sind, könnte man argumentieren, dass seine Theorie eine sehr formale und mathematisch-logische Darstellung von Bewusstsein liefert. Doch

Bewusstsein ist nicht nur eine abstrakte Struktur – es ist auch erlebt, kreativ und intentional. Hier bringt Federico Faggin eine entscheidende Ergänzung ins Spiel.

Faggin betont, dass Bewusstsein nicht nur eine notwendige Grundbedingung der Realität ist, sondern dass es aktiv gestaltet, erschafft und erfährt. Während Langan Bewusstsein als eine selbstreferentielle Informationsstruktur beschreibt, hebt Faggin hervor, dass Bewusstsein eine innere Qualität besitzt, die sich nicht auf Algorithmen oder physikalische Prozesse reduzieren lässt. In diesem Sinne könnte Faggin als eine ergänzende Perspektive zu Langans Ansatz betrachtet werden:

Während das CTMU Realität als ein universelles selbstorganisiertes System beschreibt, bringt Faggin eine lebendige, schöpferische Dimension ins Bewusstseinsmodell ein. Dies schließt an Langans Konzept der Mitschöpfung an: Wenn Bewusstsein nicht bloß passiv ist, sondern aktiv in die Realität eingreift, dann hat der Mensch nicht nur die Fähigkeit, sondern auch die Verantwortung, diese schöpferische Kraft bewusst einzusetzen. Zudem könnte Faggins Betonung des freien Willens eine wichtige Ergänzung zu Langans Modell sein. Während Langans Struktur eine logische Notwendigkeit für eine intelligente Realität beschreibt, liefert Faggin eine Erklärung dafür, warum Bewusstsein mehr ist als nur eine selbstreferenzielle mathematische Entität – es ist ein gelebtes, erfahrbares Prinzip mit Intention und schöpferischer Kraft.

Insgesamt verstärkt Faggins Perspektive die theistischen Implikationen der CTMU, indem sie zeigt, dass Bewusstsein nicht nur ein abstraktes Konzept, sondern eine aktive, schöpferische Realität ist – eine Sichtweise, die sich mit der Vorstellung eines personalen Gottes vereinen lässt.

Langans Modell erinnert in verschiedenen Aspekten an religiöse Konzepte, insbesondere an die jüdisch-christliche, aber auch an östliche Traditionen.

Jüdisch-christliche Theologie

In der Bibel wird Gott als transzendent beschrieben („Im Anfang schuf Gott Himmel und Erde" – Genesis 1,1), aber zugleich auch als immanent („Denn in ihm leben, weben und sind wir" – Apostelgeschichte 17,28).

Der Gottesname „Ich bin, der ich bin" (Exodus 3,14) weist auf eine absolute Selbstbezüglichkeit hin, die stark an Langans Konzept der selbstreferentiellen Realität erinnert.

In der christlichen Theologie wird Gott als „das Wort" (Logos) bezeichnet, durch das alles geschaffen wurde (Johannes 1,1). Auch hier gibt es eine Parallele zur CTMU, in der Gott als universales intelligibles Prinzip die Welt erschafft.

Langans Modell weist bemerkenswerte Parallelen zu verschiedenen spirituellen und philosophischen Traditionen auf, insbesondere zu östlichen Konzepten von Realität und Gott.

Vedanta und der Sri Isopanisad:

Der Sri Isopanisad beschreibt Gott als eine vollkommene, transzendente Realität, die dennoch in der Schöpfung gegenwärtig ist:

„Der gestalthafte Gott ist vollendet und vollkommen. Und weil Er vollkommen vollendet ist, ist auch all das, was von Ihm ausgeht, wie z. B. diese Erscheinungswelt, ein vollkommenes Ganzes, vollkommen ausgestattet. Was immer vom vollkommenen Ganzen hervorgebracht wird, ist ebenso vollkommen in sich selbst. Und obgleich Er das Vollkommene Ganze ist und obgleich zahllose vollkommene Einheiten von Ihm ausgehen, bleibt Er die vollkommene Ausgeglichenheit."

Diese Aussage beschreibt genau die Einheit von Transzendenz und Immanenz, die auch Langan in seinem CTMU darlegt: Gott existiert außerhalb der Welt als ihr schöpferisches Prinzip, ist aber zugleich in ihr gegenwärtig und durchdringt sie vollständig.

Hinduistische Konzepte von Brahman und Atman:

Die Vedanta-Philosophie unterscheidet zwischen Brahman, der absoluten transzendenten Realität, und Atman, dem individuellen Selbst. Diese beiden sind jedoch nicht getrennt, sondern tief miteinander verbunden. In gewisser Weise ähnelt dies Langans These, dass die Realität eine selbstreferentielle Struktur besitzt, in der das Universum sich selbst erkennt.

Mystische Traditionen des Christentums und Islams:

Ähnlich wie im Vedanta beschreiben christliche Mystiker wie Meister Eckhart und islamische Sufis Gott als eine allumfassende Realität, die sowohl jenseits der Welt steht als auch in ihr anwesend ist. Diese Idee zeigt sich besonders in Aussagen wie „Gott ist mehr in mir als ich selbst" (Meister Eckhart), die eine Analogie zu Langans Idee einer selbstbewussten, allumfassenden Realität bilden.

Langans CTMU greift diese überlieferten Konzepte auf, formuliert sie jedoch in einer neuen, mathematisch und logisch strukturierten Form. Es liefert somit eine moderne Fassung der uralten Frage, wie Gott als transzendente Quelle der Schöpfung zugleich in ihr präsent sein kann.

Pantheismus und Panentheismus

Langans Modell weist gewisse Ähnlichkeiten mit dem Panentheismus auf, der besagt, dass Gott sowohl jenseits der Schöpfung als auch in ihr gegenwärtig ist. Es grenzt sich jedoch vom Pantheismus ab, der Gott einfach mit dem Universum gleichsetzt, ohne ihm eine übergeordnete, schöpferische Intelligenz zuzusprechen.

Das Entscheidende an Langans Modell ist, dass er Gott nicht nur als Glaubensfrage betrachtet, sondern als notwendiges Prinzip einer kohärenten Welterklärung. Gott ist nicht einfach ein „höheres Wesen", sondern das logische Fundament der Existenz selbst.

Implikationen für Wissenschaft und Philosophie

Langans Modell hat tiefgreifende Konsequenzen für das Verhältnis zwischen Wissenschaft, Metaphysik und Religion. Es bietet eine mögliche Lösung für einige der größten philosophischen und erkenntnistheoretischen Probleme:

Überwindung der Trennung zwischen Geist und Materie

Die klassische Physik betrachtet Geist und Materie als voneinander getrennte Phänomene.
Langans Modell zeigt, dass Materie aus Bewusstsein hervorgeht und Bewusstsein eine strukturelle Notwendigkeit für jede Form von Realität ist.

Versöhnung zwischen Wissenschaft und Theologie

Bisher war die wissenschaftliche Betrachtung der Welt oft von materialistischen

Prämissen geprägt, während theologische Ansätze das Geistige betonten.

Langans CTMU verbindet beides: Es beschreibt eine Welt, die sowohl intelligibel als auch von Bewusstsein durchdrungen ist.

Neudefinition von Subjekt und Objekt

In klassischen Denksystemen stehen Subjekt (der Wahrnehmende) und Objekt (das Wahrgenommene) in einer klaren Trennung.
Langans Modell zeigt, dass Realität selbst ein selbstreferentielles System ist – das bedeutet, dass die Trennung zwischen Subjekt und Objekt nicht absolut ist, sondern dass alles Teil eines einzigen kognitiven Prozesses ist.

Diese Überlegungen führen zu einer entscheidenden Frage: Wenn das Universum selbstbewusst ist und Gott als integraler Bestandteil dieser Struktur existiert, ist Gott dann nicht zwangsläufig personal?

Hier zeigt sich eine mögliche Weiterentwicklung von Langans Modell: Während die CTMU eine Ultra-Intelligenz postuliert, bleibt offen, ob diese Intelligenz eine bewusste, personalisierte Entität ist oder nur ein abstraktes Prinzip. Diese Frage wird in den kommenden Kapiteln eine zentrale Rolle spielen – insbesondere im Hinblick darauf, ob das Gottesbild der großen monotheistischen Religionen mit Langans Theorien in Einklang gebracht werden kann.

Mit diesen Gedanken im Hinterkopf wollen wir weiter vertiefen, inwiefern Langans Modell tatsächlich zu einem personalen Gott führt und welche Konsequenzen dies für unser Verständnis von Realität und Spiritualität hat.

4. Metakausalität und Mitschöpfung durch den Menschen

Metakausalität und Mitschöpfung durch den Menschen

Ein wesentliches Element von Langans CTMU ist die Idee, dass Realität nicht durch eine einfache, mechanische Abfolge von Ursachen und Wirkungen bestimmt wird. In der klassischen Physik wird Kausalität als eine lineare Sequenz von Ereignissen betrachtet:

Eine Ursache führt zu einer Wirkung, die wiederum eine neue Ursache für eine weitere Wirkung wird – ein starres, deterministisches System. Doch diese Sichtweise hat erhebliche Schwächen, insbesondere wenn es um Bewusstsein, Intentionalität und freie Entscheidungen geht.

Langan führt deshalb das Konzept der Metakausalität ein – eine höhere Ebene von Ursache und Wirkung, in der Vergangenheit, Gegenwart und Zukunft nicht strikt getrennt sind, sondern miteinander verwoben werden. Diese Metakausalität bedeutet, dass Realität nicht einfach ein festgelegter Ablauf von Ereignissen ist, sondern dass sie eine dynamische, sich selbst organisierende Struktur besitzt, die durch Bewusstsein und Intention geformt wird.

Der Mensch als Mitschöpfer der Realität

Wenn Realität nicht einfach eine mechanische Abfolge von physikalischen Prozessen ist, sondern auf Information und Bewusstsein basiert, dann folgt daraus eine entscheidende Konsequenz: Bewusste Wesen sind nicht bloße Beobachter der Realität, sondern aktive Gestalter ihrer Struktur.

Langan argumentiert, dass jedes bewusste Individuum Teil des schöpferischen Prozesses ist. Unser Denken, unsere Entscheidungen und unsere Handlungen beeinflussen die Realität auf einer tieferen, nicht-materiellen Ebene. Das bedeutet, dass die Zukunft nicht festgeschrieben ist, sondern ein flexibles, offenes System darstellt, das von unserem Bewusstsein mitgeformt wird.

Diese Vorstellung erklärt, warum Phänomene wie Intuition, Gebet, Synchronizität oder kreative Inspiration in der CTMU nicht bloße Illusionen sind, sondern echte Wechselwirkungen zwischen Bewusstsein und Realität darstellen.

Intuition könnte als ein Mechanismus verstanden werden, durch den sich tiefere Zusammenhänge der Realität in unser bewusstes Denken einfügen. Gebet wäre in dieser Sichtweise nicht nur ein psychologischer Akt, sondern eine echte, kausale Interaktion zwischen menschlichem Bewusstsein und der strukturellen Ordnung der Realität. Synchronizität – das scheinbar bedeutungsvolle Zusammentreffen von Ereignissen – wäre keine bloße Zufälligkeit, sondern ein Hinweis darauf, dass Realität tatsächlich auf Bewusstsein reagiert und nicht vollkommen deterministisch abläuft.

Bezug zu religiösen Konzepten: Mitschöpfung und Verantwortung

Die Idee, dass der Mensch an der Gestaltung der Realität beteiligt ist, ist keineswegs neu. Viele religiöse und philosophische Traditionen beschreiben Schöpfung nicht als einen einmaligen Akt, sondern als einen fortlaufenden Prozess, in dem der Mensch eine aktive Rolle spielt.

Biblische Perspektive: Der Mensch als „Ebenbild Gottes"

In der Bibel heißt es, dass der Mensch als Ebenbild Gottes geschaffen wurde (Genesis 1,27). Dies wurde oft so interpretiert, dass der Mensch Anteil an Gottes schöpferischer Kraft hat. In der CTMU könnte dies als

Hinweis darauf verstanden werden, dass Bewusstsein eine fundamentale Rolle in der Formung der Realität spielt – eine Sichtweise, die sich mit Langans Modell gut vereinbaren lässt.

Aristoteles und die finale Kausalität

Aristoteles unterschied vier Arten von Ursachen, darunter die finale Ursache – das Ziel oder der Zweck eines Prozesses. In einem rein mechanistischen Weltbild gibt es keinen Platz für Zielgerichtetheit, da alle Ereignisse nur durch frühere Ursachen bestimmt werden. In der CTMU hingegen ist Realität teleologisch strukturiert, d. h., sie ist auf ein Ziel hin ausgerichtet. Dies deckt sich mit aristotelischen Vorstellungen, nach denen alles Sein einer höheren Ordnung unterliegt.

Christliche Theologie: Mitwirkung am göttlichen Plan

In der christlichen Theologie wird oft betont, dass der Mensch an Gottes Plan mitwirken kann – nicht als bloßer Diener, sondern als bewusster Gestalter. Der freie Wille spielt dabei eine entscheidende Rolle. Wenn der Mensch in der CTMU tatsächlich Teil der Realität als kognitives System ist, dann hat er nicht nur die Fähigkeit, sondern auch die Verantwortung, bewusst und moralisch zu handeln.

Praktische Konsequenzen: Verantwortung für die Realität

Die Vorstellung, dass das Universum auf Bewusstsein reagiert, hat tiefgreifende Konsequenzen für das Verständnis von Moral, Ethik und menschlicher Verantwortung.

Der Mensch gestaltet seine Realität aktiv mit

Wenn Realität nicht statisch ist, sondern durch Bewusstsein mitgestaltet wird, dann ist unser Denken und Handeln nicht belanglos, sondern ein Teil des schöpferischen Prozesses. Das bedeutet, dass unsere moralischen Entscheidungen echte Auswirkungen auf die Realität haben, nicht nur im sozialen oder psychologischen Sinne, sondern auf einer tieferen, strukturellen Ebene.

Freier Wille und Schöpfung sind miteinander verbunden

Während deterministische Weltbilder den freien Willen infrage stellen, macht Langans CTMU ihn zu einem zentralen Element der Realität. Das heißt, dass Menschen nicht nur reagieren, sondern aktiv an der Weiterentwicklung der Realität mitwirken können – sowohl individuell als auch kollektiv.

Verantwortung für Sinn und Werte

Wenn Realität nicht einfach eine kalte, zufällige Abfolge von Ereignissen ist, sondern eine bewusst strukturierte Ordnung, dann gibt es eine höhere Bedeutungsebene, die über den bloßen Materialismus hinausgeht. Die Frage nach Sinn und Werten ist daher nicht subjektiv oder relativ, sondern in der Struktur der Realität selbst verankert.

Diese Gedanken führen zu einer entscheidenden Frage: Wenn der Mensch Mitschöpfer der Realität ist, wie verhält sich das zu einem personalen Gott?

Im nächsten Abschnitt werden wir uns damit befassen, wie Langans Modell möglicherweise eine Brücke schlägt zwischen einer erkenntnistheoretischen und einer metaphysischen Sichtweise – hin zu einer transzendenten, personalistischen Gottesvorstellung, die das schöpferische Prinzip der Realität nicht nur als System, sondern als bewusste, liebende und absichtsvolle Quelle beschreibt.

5. Reflexion: Warum Langans Ansatz eine Brücke zu einem personalen Gott schlagen kann

Mit dem Cognitive-Theoretic Model of the Universe (CTMU) hat Christopher Langan eine Theorie entwickelt, die über rein wissenschaftliche oder philosophische Spekulationen hinausgeht. Sein Modell verbindet Erkenntnisse der Logik, Physik und Metaphysik in einer Weise, die eine radikal neue Sicht auf Realität ermöglicht. Doch was bedeutet das für eine theistische Weltsicht? Kann die CTMU als eine Brücke dienen, die von einem wissenschaftlichen zu einem personalen Gottesbild führt?

Warum ist die CTMU für Theisten relevant?

Viele moderne wissenschaftliche Modelle stehen in einem latenten Widerspruch zum klassischen Theismus. Die Vorstellung eines personalen Gottes wird oft als überholt betrachtet, da sich viele Physiker und Philosophen darauf konzentrieren, das Universum als ein in sich geschlossenes, mechanisches System zu beschreiben. Langans Modell jedoch bietet einen anderen Ansatz – einen, der das theistische Weltbild nicht nur kompatibel macht, sondern möglicherweise sogar stützt.

Das Universum existiert nicht nur, es erkennt sich selbst

Ein Universum, das nicht nur existiert, sondern auch eine selbstbewusste Struktur besitzt, verweist auf eine höhere Intelligenz. Wenn Realität nicht einfach passiv „da ist", sondern sich selbst erkennt und organisiert, dann stellt sich die Frage, ob dieses Bewusstsein nicht eine zentrale Quelle haben muss. Dies entspricht der klassischen Vorstellung eines Schöpfergottes, der nicht nur die

Existenz begründet, sondern aktiv in der Realität präsent ist.

Metaphysik und Physik werden vereint

Langans Modell beschreibt ein Universum, das sowohl eine physische als auch eine nicht-physische, kognitive Komponente besitzt. Dies ist genau die Art von „Doppelstruktur", die viele theistische Traditionen postulieren: Eine materielle Welt, die auf einer tieferen, geistigen Ebene gründet. Damit stellt die CTMU eine Brücke dar zwischen einem rational-wissenschaftlichen Weltbild und der Vorstellung eines intelligenten, bewussten Schöpfers.

Grenzen von Langans Modell: Ist sein „Metagott" wirklich identisch mit dem christlichen Gott?

Trotz der theistischen Implikationen von Langans Modell bleibt eine entscheidende Frage offen: Ist sein „Metagott" wirklich identisch mit dem personalen Gott der abrahamitischen Religionen?

Langan beschreibt Gott als eine universelle Ultra-Intelligenz, die das Universum strukturiert und durchdringt. Doch bleibt offen, ob diese Intelligenz tatsächlich personal ist – also mit Bewusstsein, Wille, Intention und moralischen Eigenschaften ausgestattet, wie es im Christentum, Judentum oder Islam angenommen wird. Es könnte argumentiert werden, dass Langans Modell eher einem philosophischen Deismus oder einem stark strukturalistischen Pantheismus ähnelt, in dem Gott nicht als persönliche Entität, sondern als kosmisches Prinzip existiert.

Das führt zu der Frage: Reicht Langans Modell allein aus, um den persönlichen Schöpfergott zu begründen, oder braucht es weitere Ergänzungen und Präzisierungen?
Synthese mit dem christlichen Glauben

Wenn die CTMU korrekt ist, dann ergibt sich daraus eine bedeutende Konsequenz: Der Glaube an Gott ist nicht nur eine religiöse Frage, sondern eine logische Notwendigkeit.

Langans Modell besagt, dass Realität selbstbewusst ist, sich selbst organisiert und über eine kognitive Struktur verfügt.

Die klassische Theologie beschreibt Gott als das Prinzip, in dem alles existiert – nicht nur als den Erschaffer, sondern als das fundamentale Prinzip des Seins.

Diese Idee findet sich beispielsweise in Johannes 1:1:

„Im Anfang war das Wort, und das Wort war bei Gott, und das Wort war Gott."

Hier wird Gott als das Logos beschrieben – als das universale Prinzip der Intelligenz und Ordnung, durch das alles existiert.

Langans Modell könnte daher als eine moderne, wissenschaftliche Entsprechung dieser theologischen Idee verstanden werden:

Wenn das Universum eine selbstreferentielle kognitive Struktur besitzt, und wenn diese Struktur die Realität erschafft und formt, dann deutet dies stark darauf hin, dass hinter dieser Struktur eine bewusste Quelle stehen muss.

Damit wäre Langans CTMU eine der interessantesten modernen Brücken zwischen Wissenschaft und Glaube. Sie zeigt, dass die Vorstellung eines intelligenten, universalen Bewusstseins nicht nur eine religiöse Überzeugung ist, sondern auch eine logische Konsequenz aus der Struktur der Realität sein könnte.

Mit diesem Kapitel schließen wir den ersten Teil des Buches ab. Wir haben die Grenzen des Materialismus betrachtet, die radikale Neuausrichtung durch Donald Hoffmans Theorie diskutiert und schließlich mit Christopher Langans CTMU ein Modell kennengelernt, das möglicherweise die Brücke zwischen moderner Wissenschaft und theistischer Metaphysik schlägt.

Im nächsten Teil des Buches werden wir uns mit der Frage beschäftigen, welche weiteren Konsequenzen sich aus diesen Erkenntnissen ergeben – und ob die theistischen Implikationen, die sich aus diesen Modellen ergeben, tatsächlich eine kohärente, philosophisch und theologisch tragfähige Weltsicht begründen können.

Teil 2: Transzendenz als Grundlage der Realität

Kapitel 4: Der Gottesbeweis (Philosophisch-theistische Perspektive)

In diesem Kapitel bringen wir die bisherigen Überlegungen auf eine neue Ebene: Wenn Bewusstsein die Grundlage der Realität ist, was bedeutet das für die Frage nach Gott? Während die bisherigen Kapitel wissenschaftliche und erkenntnistheoretische Argumente gegen den Materialismus und für die fundamentale Rolle des Bewusstseins präsentiert haben, soll nun gezeigt werden, dass diese Erkenntnisse zwangsläufig zu einer transzendenten Quelle führen müssen – und dass diese Quelle nicht abstrakt oder unpersönlich ist, sondern einen personalen Charakter besitzt.

1. Einleitung: Vom Bewusstsein zur Transzendenz

Die bisherigen Kapitel haben ein fundamentales Umdenken angestoßen: Die materialistische Annahme, dass Materie die Grundlage der Realität ist, hat sich als unhaltbar erwiesen. Wir haben gesehen, dass Raum, Zeit und Materie nicht die fundamentale Realität darstellen, sondern eher eine Art „Benutzeroberfläche", hinter der sich etwas viel Grundlegenderes verbirgt: das Bewusstsein. Donald Hoffmans Modell der Wahrnehmung als evolutionär geformte Täuschung und Christopher Langans mathematisch-strukturiertes Metaphysikmodell zeigen auf unterschiedliche Weise, dass die klassische, mechanistische Weltanschauung nicht ausreicht, um die Realität zu erklären.

Doch diese Erkenntnis allein ist noch nicht ausreichend. Die Frage ist nicht nur, ob Bewusstsein fundamental ist, sondern woher es stammt. Wenn wir akzeptieren, dass es die Basis der Realität ist, dann stellt sich zwangsläufig die nächste, tiefere Frage: Was ist die Quelle dieses Bewusstseins? Ist es ein rein abstraktes Prinzip, eine emergente Eigenschaft eines höheren Systems – oder ist es vielmehr Ausdruck einer personalen, transzendenten Existenz?

Diese Frage führt uns direkt zur Thematik dieses Kapitels: Wenn Bewusstsein nicht aus Materie entstehen kann, muss es selbst eine nicht-materielle, transzendente Quelle haben. Doch bedeutet das zwangsläufig, dass diese Quelle ein personaler Gott sein muss? Oder könnte es sich auch um eine unpersönliche, formlose Essenz handeln?

Um diese Frage zu beantworten, werden wir in diesem Kapitel eine stringente Argumentation entwickeln, die auf philosophischen Prinzipien und logischer Notwendigkeit basiert. Wir werden zeigen, dass:

Bewusstsein nicht aus Materie hervorgehen kann, sondern eine eigene Realität darstellt.
Diese Realität nicht in sich selbst ruht, sondern eine transzendente Grundlage haben muss.
Diese Grundlage nicht unpersönlich sein kann, sondern bewusst und intentional – also personal – sein muss.

Mit dieser Argumentation setzen wir die Überlegungen fort, die sich aus den wissenschaftlichen und erkenntnistheoretischen

Betrachtungen der vorangegangenen Kapitel ergeben haben, und schlagen die Brücke zu einer konsequenten theistischen Metaphysik. Dieses Kapitel ist daher von zentraler Bedeutung für unser Buch: Es zeigt, dass die fundamentale Rolle des Bewusstseins nicht nur eine erkenntnistheoretische oder physikalische Frage ist, sondern letztlich eine theologische.

2. Warum Bewusstsein nicht aus Materie entstehen kann

In der modernen Wissenschaft dominiert noch immer die Annahme, dass Bewusstsein eine Funktion der Materie sei – eine emergente Eigenschaft des Gehirns, die aus neuronalen Prozessen hervorgeht. Diese materialistische Sichtweise beruht auf der Überzeugung, dass sich alle Phänomene der Realität, einschließlich Gedanken, Emotionen und Selbstbewusstsein, letztlich auf chemische und physikalische Prozesse reduzieren lassen. Doch obwohl diese These weithin akzeptiert wird, gibt es ein fundamentales Problem: Es existiert keine wissenschaftlich schlüssige Erklärung dafür, wie aus reiner Materie subjektives Erleben entstehen soll.

Das Problem des physischen Reduktionismus

Der Materialismus stützt sich auf die Annahme, dass die gesamte Realität durch die Bewegung und Wechselwirkung von Teilchen beschrieben werden kann. Alles, was existiert, sei demnach eine komplexe Anordnung von Materie, die bestimmten physikalischen Gesetzen folgt. Auch das Bewusstsein wird in diesem Rahmen betrachtet – als ein Nebenprodukt elektrochemischer Prozesse im Gehirn.

Doch hier stoßen wir auf ein massives erkenntnistheoretisches Problem: Wie kann eine Anordnung von Neuronen und biochemischen Signalen das subjektive Erleben erzeugen? Wie kann die rein physikalische Wechselwirkung von Teilchen etwas so Immaterielles hervorbringen wie Schmerz, Freude oder die Erfahrung der Farbe Rot?

Diese Frage führt zur sogenannten Qualia-Problematik:

Qualia sind die subjektiven Empfindungen, die mit bestimmten Sinneseindrücken oder mentalen Zuständen verbunden sind – beispielsweise das „Rotsein" einer roten Rose oder das Gefühl von Schmerz. Kein physikalisches Modell kann erklären, warum diese subjektiven Empfindungen existieren oder wie sie aus Materie hervorgehen könnten. Man kann die neuronalen Prozesse untersuchen, die bei der Wahrnehmung der Farbe Rot aktiv sind, doch das erklärt nicht, wie es sich anfühlt, Rot zu sehen.

Der physische Reduktionismus scheitert daran, diese Lücke zu schließen. Denn selbst wenn wir eines Tages jedes einzelne elektrische Signal im Gehirn kartieren könnten, würden wir immer noch nicht wissen, warum wir bewusst erleben, was wir erleben.

David Chalmers und das harte Problem des Bewusstseins

Der Philosoph David Chalmers formulierte diese Problematik als das „harte Problem des Bewusstseins":

131

Es ist denkbar, dass sich die gesamte äußere Funktion eines Gehirns simulieren lässt, ohne dass dabei tatsächlich ein subjektives Erleben vorhanden ist. Nehmen wir an, man könnte ein neuronales Netzwerk bauen, das auf identische Weise auf Reize reagiert wie ein menschliches Gehirn. Doch hätte dieses Netzwerk wirklich ein Bewusstsein – oder würde es nur „wie bewusst" erscheinen? Warum fühlen wir überhaupt etwas? Warum gibt es ein „inneres Erleben", wenn Materie angeblich nur mechanisch funktioniert?

Viele Wissenschaftler versuchen, dieses Problem zu umgehen, indem sie es als eine Illusion deklarieren – sie behaupten, dass das „Ich" und das subjektive Bewusstsein bloße Nebenprodukte komplexer neuronaler Aktivitäten seien. Doch das ist ein Zirkelschluss:

Denn um zu sagen, dass Bewusstsein eine Illusion ist, muss es eine Instanz geben, die diese Illusion erlebt – und das setzt bereits Bewusstsein voraus. Selbst wenn Bewusstsein ein „Trick" des Gehirns wäre, bliebe unbeantwortet, wer oder was diesen Trick erlebt.

Damit wird klar: Bewusstsein kann nicht einfach als eine materielle Erscheinung abgetan werden, sondern ist eine fundamentale Realität, die sich nicht auf Materie reduzieren lässt.

Logische Konsequenz: Bewusstsein als Ursprung, nicht als Produkt

Wenn Bewusstsein nicht aus Materie hervorgeht, dann folgt daraus eine tiefgreifende Konsequenz: Bewusstsein existiert unabhängig von Materie – ja, es ist sogar wahrscheinlicher, dass Bewusstsein der Ursprung der Materie ist.

Materie kann nur das produzieren, was in ihren Eigenschaften angelegt ist. Doch Bewusstsein ist qualitativ etwas völlig anderes als Materie. Das bedeutet: Bewusstsein kann nicht emergent sein, sondern muss eine eigene, unabhängige Realität besitzen.

Wenn Bewusstsein nicht auf Materie zurückgeführt werden kann, stellt sich die Frage: Woher kommt es dann? Diese Überlegung führt uns zur nächsten logischen Schlussfolgerung: Bewusstsein muss eine transzendente Grundlage haben.

Im nächsten Abschnitt werden wir zeigen, dass eine transzendente, nicht-materielle Realität notwendig ist, um die Existenz von Bewusstsein zu erklären – und dass dies wiederum zwingend zur Annahme eines personalen, intelligenten Urgrunds führt.

3. Transzendenz als notwendige Grundlage der Realität

Die bisherigen Überlegungen haben gezeigt, dass Bewusstsein nicht aus Materie hervorgehen kann. Doch wenn das so ist, stellt sich die nächste zentrale Frage: Was ist der Ursprung des Bewusstseins? Wenn wir feststellen, dass Bewusstsein nicht auf materielle Prozesse reduzierbar ist, dann bedeutet das, dass seine Existenz auf einer tieferen Realität beruhen muss – einer transzendenten Grundlage, die unabhängig von Raum, Zeit und Materie existiert.

Das Prinzip der Kausalität: Der Urgrund des Seins

Eines der grundlegendsten Prinzipien der Philosophie und Wissenschaft ist das Kausalitätsprinzip: Alles, was existiert, hat eine Ursache.

Ein Baum entsteht aus einem Samen, der wiederum aus einem anderen Baum hervorgegangen ist.
Ein Gebäude existiert, weil ein Architekt es geplant und Bauarbeiter es errichtet haben.
Eine Idee wird formuliert, weil ein denkendes Bewusstsein sie erschafft.

Doch wenn wir diesem Prinzip konsequent folgen, dann stellt sich zwangsläufig die Frage: Was ist die erste Ursache?

Gibt es eine endlose Kette von Ursachen, die sich ins Unendliche fortsetzt?
Oder gibt es eine erste, notwendige Ursache, die selbst nicht verursacht wurde?

Hier stoßen wir auf eine fundamentale Wahrheit: Es muss einen Urgrund geben, eine erste Realität, die nicht selbst verursacht wurde, sondern aus sich selbst heraus existiert.

Materie kann dieser Urgrund nicht sein. Denn wir haben bereits gesehen, dass Materie nicht fundamental ist – sie ist abhängig von Bewusstsein und existiert nur innerhalb einer Wirklichkeit, die durch Wahrnehmung und Information strukturiert ist. Daraus folgt zwangsläufig, dass der wahre Ursprung der Realität nicht-materiell sein muss.

Warum eine transzendente Realität notwendig ist

Die moderne Wissenschaft beschreibt die Welt durch Naturgesetze, mathematische Strukturen und logische Prinzipien. Doch woher kommen diese Gesetze?

Physikalische Gesetze sind keine eigenständigen Entitäten – sie beschreiben, wie sich Materie verhält, aber sie erklären nicht, warum Materie und ihre Gesetzmäßigkeiten überhaupt existieren. Wenn die physikalische Welt eine Art „Benutzeroberfläche" ist, wie es Donald Hoffman beschreibt, dann stellt sich die Frage: Was liegt unter dieser Oberfläche?

Die einzige Entität, die sich selbst erkennt, die intentional handeln und kausale Prozesse aus sich heraus initiieren kann, ist Bewusstsein.

Bewusstsein ist die einzige bekannte Realität, die nicht einfach nur eine passive Ansammlung von Teilchen oder Prozessen ist, sondern eine aktive, intentional strukturierende Kraft. Es folgt daraus: Die transzendente Grundlage der Realität muss eine bewusste, intelligente Ursache sein.

Diese Schlussfolgerung deckt sich mit klassischen philosophischen Überlegungen, die seit der Antike gestellt wurden.
Vergleich mit klassischen Gottesbeweisen

Die Erkenntnis, dass es eine erste Ursache geben muss, die selbst nicht verursacht ist, wurde bereits in den großen klassischen Gottesbeweisen formuliert.

Aristoteles und der unbewegte Beweger:

Aristoteles erkannte, dass jede Bewegung eine Ursache haben muss. Doch eine unendliche Kette von Bewegungen ist unmöglich – es muss also eine erste, unbewegte Ursache geben. Diese erste Ursache nannte er den „unbewegten Beweger" – eine Existenz, die nicht selbst bewegt wird, sondern alle anderen Dinge in Bewegung setzt.

Thomas von Aquin und der kontingente Ursprung alles Seienden:

Thomas von Aquin argumentierte, dass alles in der Welt kontingent ist – das heißt, es könnte genauso gut nicht existieren. Doch wenn alles kontingent ist, dann muss es eine notwendige Existenz geben, die nicht von etwas anderem abhängt – eine Existenz, die aus sich selbst heraus existiert. Diese notwendige Existenz ist Gott.

Moderne Konzepte (z. B. Langans CTMU):

Christopher Langan beschreibt die Realität als ein selbstreferenzielles, intelligentes System. Er argumentiert, dass eine vollständig kohärente Realität sich selbst enthalten muss und daher ein intelligentes Prinzip sein muss, das sowohl transzendent als auch immanent existiert.

Alle diese Ansätze führen zu demselben Ergebnis: Die Realität erfordert eine Ursache, die nicht in den physikalischen Prozessen liegt, sondern in einer bewussten, transzendenten Instanz.

Die Notwendigkeit einer nicht-materiellen, intelligenten Ursache der Realität

Wenn die Realität nicht auf bloßer Materie basieren kann, sondern eine bewusste, intelligente Quelle haben muss, dann folgt daraus eine tiefgreifende Schlussfolgerung:

Diese Ursache kann nicht einfach eine abstrakte mathematische Struktur oder eine unpersönliche Kraft sein. Sie muss eine intentionale, bewusste, schöpferische Instanz sein – eine Existenz, die selbst erkennt, denkt und handelt. Mit anderen Worten: Die erste Ursache der Realität muss ein intelligentes Wesen sein – ein personaler Gott.

Diese Erkenntnis ist keine bloße religiöse Spekulation, sondern eine logische Notwendigkeit:

Eine unpersönliche Kraft könnte keine bewussten Wesen wie uns hervorbringen, denn Bewusstsein kann nur von Bewusstsein kommen. Ein intelligentes, personales Prinzip hingegen ist in der Lage, Bewusstsein zu erschaffen – genauso wie ein menschliches Bewusstsein Gedanken, Ideen und Konzepte erschafft.

Damit sind wir an einem entscheidenden Punkt angelangt: Die Realität hat nicht nur eine transzendente Ursache – diese Ursache muss personal sein.

Im nächsten Abschnitt werden wir diese Erkenntnis weiter ausarbeiten und zeigen, warum die Annahme eines personal denkenden, intentional handelnden Gottes nicht nur plausibel, sondern unausweichlich ist.

4. Argumentation für einen personalen Gott

Die bisherigen Überlegungen haben gezeigt, dass die Realität eine transzendente Ursache haben muss – eine bewusste, nicht-materielle Instanz, die als Ursprung allen Seins fungiert. Doch bedeutet dies zwangsläufig, dass diese transzendente Quelle persönlich sein muss? Oder könnte es sich auch um eine unpersönliche, formlose Energie oder eine abstrakte metaphysische Kraft handeln?

Um diese Frage zu beantworten, müssen wir uns zwei zentrale Aspekte genauer ansehen: Was bedeutet es, bewusst zu sein? Und was sind die logischen Konsequenzen daraus für die Natur der höchsten Realität?

Warum die transzendente Quelle nicht unpersönlich sein kann

Eine weit verbreitete Auffassung in philosophischen und esoterischen Strömungen ist die Vorstellung einer diffusen, unpersönlichen Urkraft, aus der alles hervorgegangen ist. Diese Idee findet sich sowohl im pantheistischen Denken als auch in bestimmten fernöstlichen Lehren wieder, die die Transzendenz als ein formloses, undifferenziertes Sein begreifen. Doch diese Sichtweise führt zu einer Reihe von Widersprüchen.

1. Eine unpersönliche Kraft kann keine intentionalen Handlungen vollziehen

Eine unpersönliche Energie ist per Definition nicht fähig, absichtsvoll zu handeln. Schöpfung ist jedoch kein zufälliges, chaotisches Ereignis, sondern ein geordnetes, intelligentes, strukturgebendes Prinzip. Jede Realität, die eine Struktur besitzt, setzt eine ordnende Instanz voraus – eine unpersönliche Kraft könnte keine Gesetzmäßigkeiten hervorbringen, sondern wäre maximal ein unspezifisches Potenzial ohne Richtung.

2. Bewusstsein setzt Subjektivität und Intention voraus

Wenn Bewusstsein die Grundlage der Realität ist – und nicht Materie – dann stellt sich die Frage: Was ist das Wesen dieses Bewusstseins? Alles, was wir über Bewusstsein wissen, deutet darauf hin, dass es ein subjektives Erleben, eine Intention und eine innere Kohärenz besitzt. Wir selbst sind bewusste Wesen mit Willen und Absichten – warum sollte die höchste Bewusstseinseinheit nicht ebenfalls intentionale Prozesse enthalten?

Die einzig logische Schlussfolgerung lautet daher: Die höchste Bewusstseinseinheit muss intentional und intelligent sein – also personal.

Der personalisierte Schöpfer

Wenn die transzendente Quelle nicht nur eine unpersönliche Kraft ist, sondern Intelligenz, Intentionalität und Bewusstsein besitzt, dann entspricht sie genau dem, was religiöse und philosophische Traditionen seit Jahrtausenden als Gott bezeichnen.

1. Der klassische theistische Gott als intelligente, absichtsvolle und bewusste Ursache der Realität

In der klassischen Theologie wird Gott nicht nur als transzendentes Prinzip verstanden, sondern als intelligente, absichtsvolle Ursache der Existenz. Ein solcher Gott ist nicht nur das „Erste Prinzip", sondern auch eine handelnde Instanz, die die Schöpfung bewusst gestaltet hat. Diese Sichtweise erklärt die Existenz von Ordnungsstrukturen, Gesetzmäßigkeiten und teleologischen (zielgerichteten) Prozessen in der Welt.

2. Warum die Annahme eines personalen Gottes logischer ist als eine „diffuse transzendente Energie"

Eine unpersönliche Kraft könnte nicht erschaffen, keine moralischen oder metaphysischen Prinzipien hervorbringen und keine bewussten Wesen erzeugen. Eine persönliche Instanz hingegen könnte:

Entscheidungen treffen,
eine geordnete Realität erschaffen,
intentionale Prozesse initiieren und
Bewusstsein in andere Wesen einpflanzen.

Mit anderen Worten: Wenn es eine transzendente, bewusste Realität gibt, dann ist die naheliegendste Schlussfolgerung, dass sie personal ist.

Parallelen zu metaphysischen, religiösen und spirituellen Traditionen

Diese Schlussfolgerung steht in Einklang mit den großen metaphysischen Systemen der Menschheitsgeschichte:

Platonismus:

Platon postulierte die Existenz einer höheren, ideellen Realität, die das materielle Universum übersteigt. Das „Gute an sich" ist eine bewusste, schöpferische Quelle allen Seins.

Christliche Theologie:

Der biblische Gott ist nicht nur transzendent, sondern auch personal – ein bewusster Schöpfer, der will, denkt und handelt. „Im Anfang war das Wort, und das Wort war bei Gott, und das Wort war Gott." (Johannes 1,1) Gott als logos, als intelligentes Prinzip der

Schöpfung, das sowohl transzendent als auch immanent ist.

Vedanta (Hinduismus):

Im Sri Isopanisad heißt es, dass Gott sowohl innerhalb als auch außerhalb der Schöpfung existiert – eine perfekte Einheit, die dennoch intentionale Handlungen vollzieht. Der höchste Gott (Brahman) wird oft als personal betrachtet, insbesondere in den Traditionen des Bhakti-Yoga.

All diese Traditionen beschreiben Gott nicht als eine „blinde Energie", sondern als eine bewusste, absichtsvolle Realität, die durch den Akt der Schöpfung und die Interaktion mit der Welt wirkt.

Schlussfolgerung: Der personal Gott als logische Notwendigkeit

Wenn Bewusstsein die Grundlage der Realität ist, dann folgt daraus, dass die höchste Form dieses Bewusstseins nicht nur existiert, sondern auch intelligent, absichtsvoll und personal sein muss.

146

Ein unpersönlicher Ursprung kann keine intentionalen Akte hervorbringen. Bewusstsein kann nur von Bewusstsein kommen – also muss die höchste Bewusstseinseinheit selbst bewusst sein. Ein solches Bewusstsein ist nicht bloß eine metaphysische Abstraktion, sondern eine aktive, schöpferische Realität.

Daraus ergibt sich eine unausweichliche Konsequenz:

Der Ursprung der Realität ist nicht nur transzendent, sondern auch personal – ein intelligenter, absichtsvoller Gott.

Mit dieser Schlussfolgerung vollenden wir die Argumentation, die von der Kritik am Materialismus über die Grundlage der Realität als Bewusstsein hin zu einer stringenten Begründung für die Existenz Gottes geführt hat.

Im nächsten Kapitel werden wir uns mit der Frage befassen, wie sich diese Erkenntnis mit modernen wissenschaftlichen und metaphysischen Modellen verbinden lässt – und wie

sie unser Verständnis der Wirklichkeit trans-
formiert.

Kapitel 5: Vom Licht zur Leere (Kulturelle Perspektive)

1. Einleitung: Der kulturelle Niedergang als Folge des Transzendenzverlusts

Die westliche Kultur hat in den letzten Jahrhunderten einen tiefgreifenden Wandel durchlaufen, der weit über politische und wirtschaftliche Veränderungen hinausgeht. Der vielleicht folgenreichste Bruch war der schrittweise Verlust der Transzendenz als zentrales Bezugssystem des menschlichen Daseins. Wo frühere Generationen ihr Leben innerhalb einer übergeordneten göttlichen Ordnung verstanden, findet sich der moderne Mensch in einer entzauberten Welt wieder, die keinen tieferen Sinn mehr zu besitzen scheint. Diese Entwicklung war kein plötzlicher Umsturz, sondern ein langsamer, aber unaufhaltsamer Prozess, der seinen Ursprung in den philosophischen und wissenschaftlichen Revolutionen der Neuzeit hatte.

Der Mensch kann nicht ohne ein übergeordnetes Fundament existieren, denn er ist nicht nur ein rationales, sondern auch ein sinnstrebendes Wesen. Jahrtausendelang gaben Religion und Metaphysik die Antworten auf die großen Fragen nach Ursprung, Ziel und Bedeutung des Lebens. Die Wirklichkeit war in ein göttliches Ordnungsgefüge eingebettet, das sowohl individuelle als auch gesellschaftliche Orientierung bot. Doch mit dem allmählichen Siegeszug des Materialismus wurde diese Ordnung infrage gestellt. Die metaphysischen Grundlagen, die das Denken und Handeln der Menschen über viele Jahrhunderte strukturierten, wurden durch eine mechanistische Weltsicht ersetzt, die die Realität auf messbare Phänomene reduzierte.

Doch der Verlust der Transzendenz hatte tiefgreifendere Folgen, als es den frühen Denkern des Rationalismus bewusst war. Die Erosion des Glaubens an eine höhere Ordnung führte nicht nur zu einer neuen wissenschaftlichen Methodik, sondern auch zu einer kulturellen Orientierungslosigkeit, die sich im Laufe der Jahrhunderte immer weiter verschärfte. Während das Christentum über viele Generationen hinweg den moralischen und ethischen Rahmen bildete, der

Gesellschaften zusammenhielt, entstand nun eine wachsende Leere, die nach und nach von radikal neuen Ideen gefüllt wurde – Ideen, die keine göttliche Instanz mehr anerkannten, sondern den Menschen als Maß aller Dinge erklärten.

Dieser Wandel war nicht nur ein theoretisches Konstrukt der Philosophie, sondern eine lebendige Realität, die sich in Kunst, Kultur und gesellschaftlichen Entwicklungen widerspiegelte. Die Entwurzelung von der Transzendenz ließ viele Menschen in eine existentielle Unsicherheit gleiten, die sich bis heute in einer tiefen Sinnkrise äußert. Die zunehmende Dominanz des Materialismus brachte eine geistige Kälte mit sich, die nicht nur den Glauben, sondern auch die Werte, die darauf aufbauten, unterspülte. Relativismus und Nihilismus begannen, sich an die Stelle der absoluten Wahrheit zu setzen, und mit der Zeit wurden Begriffe wie Gut und Böse, Wahrheit und Lüge, Sinn und Sinnlosigkeit immer mehr zu bloßen Konstruktionen ohne objektive Verankerung.

Doch wie konnte es so weit kommen? Wie konnte eine Kultur, die einst auf einem tiefen metaphysischen Fundament stand, in einen Zustand der geistigen Leere geraten? Die Antwort liegt in der geistigen Entwicklung des Westens selbst, die – angetrieben von einem immer radikaleren Rationalismus – die Tore für Relativismus und Nihilismus öffnete. Was als Befreiung von dogmatischen Strukturen begann, endete in einer völligen Auflösung von Gewissheiten, in der nicht nur die Gottesfrage verworfen wurde, sondern mit ihr auch jede übergeordnete Wahrheit.

Diese Entwicklung bildet das Zentrum dieses Kapitels. Es wird aufgezeigt, wie sich der Nihilismus als logische Konsequenz des Transzendenzverlusts entwickelte, welche geistigen Strömungen ihn verstärkten und welche Auswirkungen er auf die westliche Kultur hatte. Am Ende steht die entscheidende Frage: Kann es eine Umkehr geben? Gibt es einen Weg zurück aus der Leere – hin zu einer Wiederentdeckung der Transzendenz?

2. Der schrittweise Aufstieg des Nihilismus

Der Verlust der Transzendenz blieb nicht ohne Konsequenzen. Was als Aufbruch in eine neue, vernunftgeleitete Ära begann, endete in einer tiefen Sinnkrise, die sich durch alle Bereiche der Kultur und Gesellschaft zog. Das Vertrauen in eine objektive Ordnung wich zunehmend der Vorstellung, dass es keine absolute Wahrheit, keine universellen Werte und letztlich keinen tieferen Sinn des Daseins gibt. Diese Haltung fand ihren radikalsten Ausdruck in einer philosophischen Strömung, die in den folgenden Jahrhunderten die geistige Grundlage der westlichen Welt in ihren Grundfesten erschütterte: dem Nihilismus. Der Nihilismus ist also nicht plötzlich über die westliche Welt hereingebrochen – er ist das Ergebnis eines langen geistigen Prozesses, der sich über mehrere Jahrhunderte hinweg entfaltet hat. Seine Wurzeln reichen tief in die Geschichte der westlichen Philosophie hinein, doch sein endgültiger Durchbruch lässt sich vor allem mit einer Figur verbinden: Friedrich Nietzsche. Mit seinem berühmten Satz „Gott ist tot" formulierte Nietzsche nicht nur eine provokante These, sondern brachte eine radikale Umwälzung zum Ausdruck, die bereits seit der Aufklärung im Gange war. Er erkannte, dass der Glaube an Gott nicht einfach nur eine religiöse Überzeugung war, sondern das Fundament einer gesamten Kultur. Mit dem Verlust dieses Fundaments, so warnte er, würde der Mensch in eine existentielle Krise geraten, denn ohne einen göttlichen Bezugsrahmen gäbe es keine objektiven Werte mehr, keine absolute Wahrheit und keinen höheren Sinn.

Nietzsche beschrieb diesen Zustand als die größte Herausforderung der Moderne. Der Mensch hatte sich von den Fesseln der Religion befreit, doch diese Befreiung hatte einen hohen Preis: Sie hinterließ eine Leere, die nicht so einfach gefüllt werden konnte. In einer Welt ohne Gott war alles möglich — doch nichts hatte mehr Bedeutung. Gut und Böse wurden zu bloßen Konstruktionen, Wahrheit zu einer subjektiven Angelegenheit, und der Sinn des Lebens wurde zu einer offenen Frage, auf die es keine allgemein gültige Antwort mehr gab.

Diese Diagnose erwies sich als zutreffend. Mit dem Niedergang der religiösen Weltordnung begann ein schleichender Prozess der Sinnentleerung. Der Mensch wurde zunehmend sich selbst überlassen, gezwungen, seinen eigenen Sinn zu erschaffen. Doch diese Freiheit brachte auch eine schwere Last mit sich: Ohne eine höhere Ordnung gibt es keine objektive Richtschnur mehr, an der sich das Leben ausrichten kann. Werte wurden relativiert, Traditionen hinterfragt, und das Streben nach Wahrheit wurde durch eine Haltung ersetzt, die Wahrheit selbst in Zweifel zog.

Die Folgen waren weitreichend. Während der Nihilismus zunächst nur ein philosophisches Konzept war, durchdrang er bald alle Bereiche der Kultur. Die Kunst wurde abstrakt, die Literatur oft düster und existenzialistisch, und die Ethik wurde immer mehr zu einer individuellen Angelegenheit. Die moralische Relativierung führte dazu, dass Begriffe wie Pflicht, Verantwortung und Ehre zunehmend an Bedeutung verloren. Was einst als gegeben galt, wurde nun hinterfragt, und an die Stelle der alten

Gewissheiten trat eine beunruhigende Offenheit, die viele Menschen überforderte.

Doch Nihilismus ist keine neutrale Haltung – er ist eine Krise des Sinns. Der Mensch ist nicht geschaffen für eine Welt ohne Bedeutung. Er kann sich für eine Weile mit der Illusion abfinden, dass er sich seinen eigenen Sinn schaffen kann, doch irgendwann stößt er an eine Grenze. Das Bedürfnis nach einer übergeordneten Ordnung, nach einer objektiven Wahrheit, nach einem transzendenten Halt lässt sich nicht dauerhaft unterdrücken. Ohne eine höhere Orientierung droht er in existentielle Unsicherheit zu geraten.

In der modernen Gesellschaft zeigt sich diese Unsicherheit in vielfacher Weise. Die steigenden Zahlen von Depressionen, Angststörungen und Identitätskrisen sind nicht nur individuelle Probleme – sie sind Symptome einer Kultur, die sich selbst ihres Sinns beraubt hat. Der Mensch der Moderne ist in einem Ozean der Möglichkeiten gestrandet, ohne einen Kompass, der ihm die Richtung weist. Während frühere Generationen ihr Leben innerhalb eines festen moralischen und metaphysischen Rahmens verstanden, ist der heutige Mensch oft auf sich allein gestellt.

Diese Entwicklung ist jedoch kein Zufall. Sie ist das logische Ergebnis eines geistigen Prozesses, der mit der Verwerfung der Transzendenz begann und schließlich in den Nihilismus mündete. Der Glaube an einen objektiven Sinn wurde ersetzt durch die Idee, dass Sinn eine individuelle Konstruktion sei. Doch wenn alles subjektiv ist, bleibt am Ende nur die Erkenntnis, dass nichts mehr Bedeutung besitzt.

3. Wie Rationalismus, Relativismus und Nihilismus die westliche Kultur prägten

Die geistige Entwicklung des Westens ist eine Geschichte des schrittweisen Abschieds von der Transzendenz. Was als Versuch begann, das Denken von dogmatischen Fesseln zu befreien, mündete schließlich in einer vollständigen Relativierung aller Werte und Wahrheiten. Die drei entscheidenden Phasen dieses Prozesses – Rationalismus, Relativismus und Nihilismus – sind nicht isolierte

Erscheinungen, sondern bauen logisch aufeinander auf. Jede Phase hat die Grundlage für die nächste geschaffen und die westliche Kultur in eine Richtung gedrängt, die sie von ihrem metaphysischen Ursprung immer weiter entfernt hat.

Rationalismus: Der Beginn der Abkopplung von Transzendenz

Mit dem Aufstieg des Rationalismus in der frühen Neuzeit begann die Emanzipation des menschlichen Denkens von religiösen und metaphysischen Dogmen. Philosophen wie René Descartes, Baruch de Spinoza und Immanuel Kant betonten die Vernunft als höchstes Erkenntnisinstrument und stellten die Frage, ob der Mensch die Realität auch ohne göttliche Offenbarung verstehen könne.

Diese Entwicklung war nicht ohne Verdienste: Der Rationalismus führte zu wissenschaftlichen Durchbrüchen, zur Entwicklung der modernen Logik und zur Aufklärung. Doch während er die methodische Klarheit förderte, hatte er auch eine tiefgreifende

Nebenwirkung: Er trennte den Menschen von der übergeordneten Wirklichkeit, indem er alles, was nicht empirisch beweisbar war, in den Bereich der Spekulation verbannte.

Was im Rationalismus begann, war der erste große Bruch mit der göttlichen Ordnung, die bis dahin das Denken bestimmt hatte. Der Glaube an eine autonome Vernunft ersetzte das Vertrauen in eine von Gott gegebene Wahrheit. Doch damit war ein Prozess in Gang gesetzt, der immer weiter in Richtung Relativierung führte.

Relativismus: Die Zersetzung objektiver Wahrheiten und Werte

Wenn die Vernunft zum alleinigen Maßstab der Erkenntnis wird, entsteht bald eine gefährliche Konsequenz: die Vorstellung, dass Wahrheit nichts Absolutes, sondern etwas Relatives sei. Während der Rationalismus noch davon ausging, dass es eine objektive Wahrheit gibt, die durch den Verstand entdeckt werden kann, führte der Relativismus diese Idee in ihre radikale Konsequenz: Wahrheit sei nicht objektiv, sondern von

Perspektiven und kulturellen Konstruktionen abhängig.

Der Relativismus wurde insbesondere durch Denker wie Friedrich Nietzsche, Michel Foucault und Jacques Derrida geprägt. Sie hinterfragten nicht nur religiöse Wahrheiten, sondern auch moralische und gesellschaftliche Prinzipien. Wenn jede Wahrheit nur ein soziales Konstrukt ist, dann gibt es keine objektiven Werte mehr – sondern nur Perspektiven, die durch Machtverhältnisse geformt sind.

Diese Denkweise veränderte die westliche Kultur grundlegend. Moralische Prinzipien, die Jahrhunderte lang als unantastbar galten, wurden als bloße Konventionen entlarvt. Was für frühere Generationen selbstverständlich war – etwa die Unterscheidung zwischen Gut und Böse – wurde nun zu einer offenen Frage, die jeder für sich selbst beantworten konnte. Der Mensch war nicht mehr an eine göttliche Ordnung gebunden, sondern konnte seine Werte nach eigenem Ermessen definieren.

Doch diese scheinbare Befreiung hatte eine fatale Kehrseite: Wenn alles relativ ist, dann bedeutet das letztlich, dass nichts mehr Bedeutung hat. Dies führte direkt in den Nihilismus – das Endstadium einer Welt, die keine objektiven Wahrheiten mehr anerkennt.

Nihilismus: Der Endpunkt der Sinnentleerung

Der Nihilismus ist die logische Konsequenz einer Welt, die alle höheren Ordnungen verworfen hat. Wenn Wahrheit nur ein Konstrukt ist und Werte nicht mehr objektiv existieren, dann gibt es keinen Grund mehr, an einem tieferen Sinn des Lebens festzuhalten. Der Mensch wird in eine Existenz gestoßen, in der er sich selbst seinen Sinn erschaffen muss – oder in der er zugrunde geht.

In der modernen Kultur zeigt sich der Nihilismus in vielerlei Gestalt. In der Kunst und Philosophie äußert er sich als radikale Dekonstruktion aller Normen. In der Popkultur als eine zunehmende Tendenz zur Ironie, Zynismus und Beliebigkeit. In der Ethik als moralischer Relativismus, der keine absoluten

Prinzipien mehr anerkennt. Und in der Gesellschaft als eine allgemeine Sinnkrise, die sich in wachsenden Depressionen, Identitätsverwirrungen und einer generellen Orientierungslosigkeit zeigt.

Doch der Nihilismus ist kein stabiles Weltbild – er ist ein Übergangszustand, der auf Dauer nicht tragfähig ist. Der Mensch kann nicht ohne eine tiefere Sinnstruktur leben. Er mag eine Zeitlang mit der Idee spielen, dass nichts Bedeutung hat, doch irgendwann führt diese Haltung entweder in die Verzweiflung oder in die Suche nach einer neuen, tragfähigen Ordnung.

Diese Entwicklung wirft eine entscheidende Frage auf: Ist der Nihilismus das endgültige Schicksal des Westens, oder gibt es eine Möglichkeit, die verlorene Transzendenz wiederzuentdecken? Diese Frage wird im weiteren Verlauf des Kapitels untersucht.

4. Gesellschaftliche Auswirkungen des Transzendenzverlusts

Der Verlust der Transzendenz ist keine rein theoretische Angelegenheit, die sich nur in der Philosophie oder Theologie niederschlägt. Er hat tiefgreifende Auswirkungen auf die Gesellschaft als Ganzes und prägt das Selbstverständnis des modernen Menschen auf eine Weise, die oft unterschätzt wird. Wenn das Fundament einer Kultur – ihre Vorstellung von Wahrheit, Moral und Sinn – erodiert, dann geraten auch die sozialen Strukturen ins Wanken, die darauf aufbauen. Was bleibt, ist eine fragmentierte Welt, in der Individuen zunehmend isoliert sind und in der der Fortschritt zwar unaufhaltsam erscheint, aber ohne Orientierung bleibt.

Auflösung traditioneller Werte und Institutionen

Gesellschaften beruhen auf gemeinsamen Werten und Überzeugungen, die über Generationen hinweg weitergegeben werden. Über Jahrhunderte hinweg waren religiöse und metaphysische Weltbilder die Grundlage für moralische Prinzipien, gesellschaftliche Institutionen und zwischenmenschliche Beziehungen. Die Vorstellung, dass bestimmte Werte – wie Wahrheit, Gerechtigkeit oder

Mitgefühl – eine objektive Grundlage besitzen, gab den Menschen eine Orientierung, an der sie ihr Leben ausrichten konnten.

Mit dem Aufstieg des Materialismus und Relativismus begann diese Ordnung zu zerfallen. Traditionelle Werte wurden immer stärker hinterfragt, und mit der Zeit verloren sie ihre universelle Gültigkeit. Ehe, Familie, Gemeinschaft – Institutionen, die einst als stabile Pfeiler der Gesellschaft galten, wurden in zunehmendem Maße als bloße Konventionen betrachtet, die jeder nach seinem eigenen Ermessen gestalten kann. Während frühere Generationen noch in feste soziale Strukturen eingebunden waren, steht der moderne Mensch zunehmend vor der Aufgabe, seine eigene Identität und seinen Platz in der Welt völlig selbstständig zu definieren.

Doch diese vermeintliche Freiheit hat eine Schattenseite. Wenn jede übergeordnete Ordnung aufgehoben wird, dann verliert der Mensch nicht nur Einschränkungen, sondern auch Halt. Die Erosion traditioneller Werte hat dazu geführt, dass viele Menschen sich in einem Zustand der Unsicherheit befinden, in dem ihnen keine klaren Orientierungspunkte mehr zur Verfügung stehen. Statt einer wirklichen Befreiung hat der moderne Mensch sich in eine Welt begeben, die zwar scheinbar unbegrenzte Möglichkeiten bietet, aber gleichzeitig jeden festen Maßstab verweigert.

Die Fragmentierung der Identität: Warum der moderne Mensch sich zunehmend verloren fühlt

Die Auswirkungen dieses Prozesses zeigen sich besonders deutlich in der Krise der individuellen Identität. Während frühere Kulturen dem Menschen eine klare Rolle innerhalb einer größeren kosmischen Ordnung gaben, sieht sich der moderne Mensch mit einer beunruhigenden Offenheit konfrontiert: Er ist vollständig für sich selbst verantwortlich – ohne feste Bezugspunkte, ohne ein höheres Ziel, ohne eine transzendente Bedeutung seines Daseins.

Diese Entwicklung hat tiefgreifende psychologische und soziale Folgen. Die Zahl der Menschen, die unter existenziellen Krisen, Angststörungen oder Depressionen leiden, nimmt seit Jahrzehnten zu. Die Bindung an Gemeinschaften wird schwächer, während sich immer mehr Menschen isoliert fühlen. Die Hyperindividualisierung führt dazu, dass Identität nicht mehr in einer übergeordneten Sinnstruktur verankert ist, sondern als persönliches Konstrukt verstanden wird, das ständig neu definiert werden muss.

Gleichzeitig erleben wir eine zunehmende Spaltung der Gesellschaft. In einer Welt ohne gemeinsame Wahrheit gibt es keine stabile Grundlage für eine kohärente Kultur. Wenn jeder seine eigene Wirklichkeit definiert, dann gibt es keinen gemeinsamen Nenner mehr, der eine Gesellschaft zusammenhält. Dies zeigt sich nicht nur in politischen und kulturellen Polarisierungen, sondern auch in der zunehmenden Fragmentierung sozialer Strukturen. Ohne eine gemeinsame transzendente Basis wird der gesellschaftliche Diskurs immer mehr zu einem Kampf um subjektive Wahrheiten, in dem es keinen übergeordneten Maßstab mehr gibt, der die Konflikte schlichten könnte.

Die Rolle der Wissenschaft und Technik: Fortschritt ohne metaphysische Grundlage

Parallel zu diesen Entwicklungen hat der wissenschaftlich-technische Fortschritt eine beispiellose Dynamik entfaltet. Die Naturwissenschaften haben unser Verständnis der physischen Welt revolutioniert, und die technologischen Errungenschaften der letzten Jahrhunderte haben das Leben der Menschen in vielerlei Hinsicht erleichtert. Doch während Wissenschaft und Technik unaufhaltsam voranschreiten, bleibt eine fundamentale Frage unbeantwortet: Zu welchem Zweck?

Der Fortschrittsglaube der Moderne beruht auf der Annahme, dass technologische und wissenschaftliche Entwicklungen per se positiv seien. Doch in einer Welt ohne metaphysische Grundlage wird der Fortschritt zu einem Selbstzweck. Wir verfügen über immer ausgefeiltere Mittel – doch wofür? Wissenschaft kann beschreiben, wie die Welt funktioniert, aber sie kann keine Antworten auf die Frage nach dem Sinn des Lebens liefern.

Technik kann Probleme lösen, aber sie kann keine Orientierung bieten.

Die Folge ist eine paradoxe Situation: Während der Mensch auf technischer Ebene immer mehr Kontrolle über seine Umwelt gewinnt, verliert er auf existenzieller Ebene immer mehr Orientierung. Der Materialismus hat uns eine Welt gegeben, die in ihrer Funktionalität beeindruckend ist, aber in ihrer Bedeutung leer bleibt. Wir haben Zugang zu nahezu unbegrenztem Wissen, aber keine Antwort auf die grundlegendste aller Fragen: Warum existieren wir?

Diese Krise des Sinns ist das unausweichliche Ergebnis einer Kultur, die sich von der Transzendenz losgesagt hat. Der Mensch hat sich von Gott befreit – doch an die Stelle Gottes ist nichts getreten. Die westliche Welt befindet sich an einem Scheideweg: Entweder sie bleibt in der Sinnleere gefangen oder sie findet einen Weg, sich wieder mit einer höheren Ordnung zu verbinden. Die Frage, ob eine Rückkehr zur Transzendenz möglich und notwendig ist, wird im nächsten Abschnitt untersucht.

5. Notwendigkeit einer Rückkehr zur Transzendenz

Die moderne westliche Kultur hat sich in eine Richtung entwickelt, die sie zunehmend von ihren metaphysischen Wurzeln trennt. Rationalismus, Relativismus und Nihilismus haben das geistige Fundament erschüttert, auf dem über Jahrhunderte hinweg das Denken, die Moral und die gesellschaftliche Ordnung ruhten. Das Ergebnis ist eine Welt, die sich in einem paradoxen Zustand befindet: technologisch hochentwickelt, aber existenziell verunsichert; wissenschaftlich aufgeklärt, aber ohne verbindliche Wahrheiten; materiell wohlhabend, aber innerlich leer.

Die Frage, die sich unweigerlich stellt, ist: Kann diese Entwicklung umgekehrt werden? Gibt es einen Weg aus der geistigen Leere zurück zu einer Welt, in der der Mensch wieder Sinn, Wahrheit und Orientierung findet? Die Antwort darauf liegt in der Rückbesinnung auf die Transzendenz – nicht als bloße metaphysische Spekulation, sondern als notwendige Grundlage für eine tragfähige Kultur und ein erfülltes Leben.

Warum eine neue Sinnstiftung ohne Transzendenz unmöglich ist

Viele Philosophen, Soziologen und Denker haben versucht, eine neue Form von Sinnstiftung zu entwickeln, die ohne Transzendenz auskommt. Sie haben argumentiert, dass der Mensch sich seinen eigenen Sinn schaffen kann, dass eine Gesellschaft auch ohne übergeordnete Wahrheit stabil sein kann und dass Werte auch ohne einen absoluten Bezugspunkt existieren können. Doch diese Versuche haben sich als unzureichend erwiesen.

Ohne Transzendenz bleibt jeder Sinn subjektiv und beliebig. Wenn es keine höhere Wahrheit gibt, die über den Einzelnen hinausweist, dann bleibt die Frage nach dem Sinn des Lebens eine rein individuelle Angelegenheit. Doch ein solcher subjektiver Sinn trägt nur so weit, wie die persönliche Lebenssituation stabil ist. Sobald Krisen eintreten – sei es Krankheit, Verlust oder der Tod – verliert eine selbst konstruierte Sinngebung ihre Kraft. Der Mensch wird zurückgeworfen auf die fundamentale Frage: Gibt es eine

objektive Wahrheit, die über mich hinausgeht? Gibt es eine Ordnung, die Bestand hat,
unabhängig von meinen individuellen Überzeugungen?

Auch auf gesellschaftlicher Ebene zeigt sich,
dass eine stabile Kultur ohne eine transzendente Grundlage langfristig nicht überle-
bensfähig ist. Gesellschaftliche Werte können nicht allein durch Konsens oder Mehr-
heitsmeinungen entstehen. Eine Ordnung,
die nur auf Konventionen beruht, kann jeder-
zeit verändert oder infrage gestellt werden.
Erst durch eine Anbindung an eine höhere
Realität – an ein Prinzip, das über den Menschen hinausgeht – gewinnen Werte ihre
wirkliche Verbindlichkeit.
Wie eine Rückkehr zu einer höheren Ordnung kulturellen und gesellschaftlichen Niedergang aufhalten kann

Die Wiederentdeckung der Transzendenz bedeutet nicht eine Rückkehr zu einem naiven
oder dogmatischen Glauben. Es geht nicht
um eine bloße Rehabilitierung vergangener
religiöser Strukturen, sondern um die Anerkennung einer Wahrheit, die unabhängig von

historischen oder kulturellen Veränderungen Bestand hat. Die Einsicht, dass die Welt nicht rein materiell ist, dass Bewusstsein nicht aus toter Materie hervorgeht und dass Werte eine objektive Grundlage haben, kann als Grundlage für eine neue geistige Orientierung dienen.

Eine Kultur, die sich wieder mit der Transzendenz verbindet, gewinnt eine Verankerung, die ihr Stabilität und Richtung gibt. Moralische Prinzipien sind nicht länger bloße Übereinkünfte, sondern Ausdruck einer höheren Ordnung. Das Individuum erkennt sich nicht mehr als isolierte Existenz in einem zufälligen Universum, sondern als Teil eines größeren Zusammenhangs. Die existenzielle Unsicherheit, die der Nihilismus hinterlassen hat, kann durch eine Rückbesinnung auf eine absolute Wahrheit überwunden werden.

Auch gesellschaftlich hätte eine solche Rückkehr tiefgreifende Konsequenzen. Werte wie Gerechtigkeit, Verantwortung und Mitgefühl hätten wieder eine objektive Grundlage. Die Bindung an Gemeinschaften und die Identifikation mit einer übergeordneten Ordnung könnten die Vereinzelung und die Fragmentierung der Gesellschaft aufheben. Ein solches Weltbild würde nicht nur die individuelle Identität stärken, sondern auch die kulturellen und sozialen Strukturen stabilisieren, die durch die fortschreitende Erosion der letzten Jahrhunderte ins Wanken geraten sind.

Übergang zur nächsten Thematik: Die Notwendigkeit eines transzendent-immanenten Gottesverständnisses

Doch eine Wiederentdeckung der Transzendenz allein reicht nicht aus. Die entscheidende Frage lautet: Welche Art von Transzendenz ist notwendig? Ein abstrakter, unpersönlicher „tieferer Sinn" genügt nicht, um die existenziellen Fragen des Menschen zu beantworten. Ebenso wenig reicht eine vage kosmische Energie oder eine pantheistische Idee, in der Gott und Welt letztlich identisch sind.

Die bisherigen Überlegungen deuten auf eine entscheidende Notwendigkeit hin: Die transzendente Quelle der Realität muss nicht nur abstrakt, sondern personal sein. Ein personaler Gott ist nicht nur eine metaphysische Hypothese, sondern eine logische Konsequenz aus den Erkenntnissen über Bewusstsein, Sinn und Wahrheit.

Der nächste Abschnitt wird sich daher mit der Frage befassen, warum Gott nicht nur transzendent, sondern zugleich immanent ist – warum er nicht nur außerhalb der Schöpfung existiert, sondern zugleich in ihr gegenwärtig ist. Dieses Verständnis eines transzendent-immanenten Gottesbildes könnte der Schlüssel sein, um die Kluft zwischen Wissenschaft, Philosophie und Religion zu überbrücken und eine echte Alternative zur Sinnleere des Materialismus und Nihilismus zu bieten.

Kapitel 6: Gott ist transzendent und immanent

Nachdem wir die Grenzen des Materialismus, die Notwendigkeit der Transzendenz und den kulturellen Niedergang durch den Verlust dieser Transzendenz herausgearbeitet haben, stellt sich die zentrale Frage: Was genau ist die Natur Gottes? Wenn Gott die Grundlage der Realität ist, welche Eigenschaften muss er haben?

Dieses Kapitel untersucht eine der tiefsten und grundlegendsten Fragen der Theologie und Metaphysik: Wie kann Gott sowohl transzendent als auch immanent sein? Diese Frage hat nicht nur philosophische Bedeutung, sondern auch weitreichende Konsequenzen für unser Gottesverständnis und unser Weltbild.

1. Die Balance zwischen Transzendenz und Immanenz

Wenn wir den bisherigen Argumenten folgen, dann erkennen wir, dass die Realität nicht aus sich selbst heraus existieren kann.

Sie benötigt eine bewusste Ursache – eine Quelle, die nicht selbst der Veränderung unterworfen ist, sondern in sich vollkommen und unabhängig besteht. Diese Einsicht führt uns zwangsläufig zur Frage nach Gott. Doch sobald wir diese Frage stellen, taucht ein weiteres Problem auf: Wie ist Gott zur Welt und zum Menschen in Beziehung gesetzt? Ist er völlig außerhalb seiner Schöpfung – eine ferne, unerreichbare Instanz? Oder ist er in allem gegenwärtig, so dass er letztlich nicht mehr von der Welt zu unterscheiden ist?

Diese Fragestellung betrifft die beiden grundlegenden Eigenschaften Gottes, die in der Theologie und Philosophie immer wieder diskutiert wurden: Transzendenz und Immanenz.

Warum ein rein transzendenter Gott nicht ausreicht

In vielen klassischen Vorstellungen wird Gott als eine überweltliche, erhabene Instanz beschrieben, die vollkommen außerhalb der Schöpfung existiert. Dies entspricht dem deistischen Weltbild, nach dem Gott das

Universum zwar erschaffen hat, sich aber danach aus ihm zurückgezogen hat. Er bleibt außerhalb von Raum und Zeit und greift nicht aktiv in den Lauf der Dinge ein.

Ein solches Gottesbild hat philosophische und theologische Konsequenzen. Wenn Gott rein transzendent ist, bedeutet das, dass er nicht erfahrbar ist, dass er nicht mit seiner Schöpfung interagiert und dass er keine Beziehung zum Menschen hat. Ein solches Konzept reduziert Gott auf eine abstrakte Ursprungsinstanz – einen ersten Beweger oder eine absolute Idee, die zwar die Existenz begründet, aber selbst keinerlei persönliche oder schöpferische Aktivität in der Welt entfaltet.

Dies führt zu einer existenziellen Kluft zwischen Gott und Mensch. Wenn Gott unerreichbar ist, wenn er nicht in der Welt wirkt, dann bleibt er für den Menschen letztlich irrelevant. Der Mensch ist dann auf sich selbst gestellt, die Welt ist sich selbst überlassen, und das spirituelle Leben verliert seinen Sinn. Ein rein transzendenter Gott wäre ein passiver Gott – ein fernes Prinzip, das keine direkte Bedeutung für unser Dasein hätte.

Warum ein rein immanenter Gott problematisch ist

Das gegenteilige Extrem ist die Vorstellung eines Gottes, der völlig in der Welt aufgeht – eine Sichtweise, die sich im Pantheismus findet. Hier wird Gott nicht als ein von der Schöpfung unterschiedener Schöpfer verstanden, sondern als das Universum selbst. Alles ist göttlich, alles ist Teil Gottes.

Dieses Konzept mag auf den ersten Blick attraktiv erscheinen, denn es gibt dem Menschen das Gefühl, unmittelbar mit Gott verbunden zu sein. Doch es hat eine entscheidende Schwäche: Wenn Gott mit der Welt identisch ist, dann gibt es keinen Grund mehr, überhaupt von Gott zu sprechen.

Ein pantheistisches Gottesbild verwischt die Grenzen zwischen Schöpfer und Schöpfung, zwischen Bewusstsein und Materie, zwischen Gott und Mensch. Doch wenn Gott nichts anderes ist als die Natur, das

Universum oder die Summe aller Dinge, dann ist er letztlich nur ein anderes Wort für die Realität selbst. Er verliert jede persönliche Qualität, jede schöpferische Intention und jede eigenständige Existenz.

Darüber hinaus bleibt die Frage nach dem Ursprung offen: Wenn Gott einfach die Welt selbst ist, dann ist er ebenso bedingt und begrenzt wie das Universum, das wir beobachten. Er wäre veränderlich, unterworfen den Gesetzen der Zeit und der Entropie – kein absolutes Prinzip, sondern ein bloßer Ausdruck der kosmischen Ordnung. Doch ein Gott, der selbst vergeht, der in der Welt aufgeht, kann nicht der Ursprung dieser Welt sein.

Die Notwendigkeit eines transzendent-immanenten Gottes

Die Lösung liegt in einer Synthese dieser beiden Konzepte: Gott muss sowohl transzendent als auch immanent sein. Er ist nicht nur außerhalb der Welt, sondern auch in ihr gegenwärtig. Er ist nicht nur der Ursprung der Existenz, sondern auch ihr kontinuierlicher Erhalter.

Ein transzendent-immanenter Gott überwindet die Schwächen beider Extreme. Er ist nicht eine bloße Ursache, die sich aus der Welt zurückzieht, aber auch nicht eine anonyme kosmische Energie ohne Bewusstsein. Vielmehr ist er der Schöpfer, der seine Schöpfung durchdringt – gegenwärtig in allem, was existiert, und doch über die gesamte Existenz hinausgehend.

Diese Sichtweise findet sich in vielen religiösen und philosophischen Traditionen. Sie ist die Grundlage des klassischen theistischen Gottesverständnisses, das sowohl in der christlichen Theologie als auch in anderen spirituellen Systemen vertreten wird. Auch moderne philosophische Modelle, wie etwa Christopher Langans CTMU oder, im Gegensatz dazu die uralten vedischen Schriften, betonen diese doppelte Natur Gottes.

Das Ziel dieses Kapitels ist es, diese transzendent-immanente Struktur Gottes detaillierter zu untersuchen. Wir werden sehen, dass diese Sichtweise nicht nur theologisch schlüssig ist, sondern auch eine notwendige Konsequenz aus unseren bisherigen

Überlegungen zur Natur der Realität. Wenn Bewusstsein die Grundlage der Wirklichkeit ist und Gott die höchste Form des Bewusstseins darstellt, dann muss er sowohl der Ursprung als auch die Essenz der Existenz sein.

Das bedeutet: Er ist jenseits der Schöpfung und dennoch in jedem Teil von ihr gegenwärtig.

2. Die transzendent-immanente Natur Gottes im Langan'schen CTMU

Wenn wir von einem transzendent-immanenten Gottesbild sprechen, dann bewegen wir uns auf einem Gebiet, das sowohl philosophisch als auch wissenschaftlich herausfordernd ist. Wie kann Gott außerhalb der Schöpfung stehen und dennoch in ihr gegenwärtig sein? Die klassische Theologie bietet Antworten darauf, aber auch moderne Denkmodelle versuchen, dieses Paradoxon auf neue Weise zu formulieren.

Eines der ambitioniertesten Konzepte in diesem Bereich ist Christopher Langans Cognitive-Theoretic Model of the Universe

(CTMU), das wir bereits ausführlich besprochen haben. Langan entwickelte das CTMU als eine Synthese aus Metaphysik, Logik und Wissenschaft. Sein Modell beschreibt ein Universum, das sich selbst reflektiert, organisiert und erschafft – eine Struktur, in der Gott sowohl der Ursprung als auch die Essenz der Realität ist.

Ein Universum, das sich selbst reflektiert und erschafft

Langan geht von einer grundlegenden Annahme aus: Realität kann nicht einfach nur eine passive, zufällige Ansammlung von Materie sein. Sie muss eine Struktur haben, die in sich selbst Sinn und Ordnung erzeugt. Diese Struktur ist nicht bloß ein physikalisches Gesetzesgefüge, sondern eine selbstreferentielle, sich selbst erhaltende Wirklichkeit.

Das bedeutet, dass das Universum nicht einfach nur existiert, sondern auch eine innere Logik besitzt, die es „denkt" und in der es sich selbst erkennt. Dies führt zu einem fundamentalen Perspektivwechsel: Das

Universum ist nicht nur eine Ansammlung physikalischer Prozesse, sondern ein intelligentes System, das sich selbst organisiert und interpretiert.

Hierin liegt eine entscheidende Parallele zu klassischen metaphysischen Vorstellungen von Gott: Wenn das Universum eine intelligente, selbstbezügliche Struktur ist, dann muss die höchste Ordnung dieser Struktur ebenfalls intelligent sein.

Gott als Ursache und Substanz der Realität

Das CTMU definiert Gott nicht nur als den Erschaffer der Welt, sondern auch als ihre zugrundeliegende Realität. Langan argumentiert, dass Gott nicht nur außerhalb des Universums steht und es erschafft, sondern dass er auch die Substanz ist, aus der das Universum besteht.

Dies ist ein revolutionärer Gedanke, denn er verbindet die Vorstellung eines transzendenten Schöpfers mit der eines immanenten göttlichen Prinzips. Nach Langan ist Gott nicht einfach eine fernstehende Entität, die das Universum wie ein Uhrmacher baut und sich dann zurückzieht. Vielmehr ist er das alles durchdringende Prinzip, das die Existenz überhaupt erst ermöglicht.

Gott ist sowohl die Ursache (der Grund, warum das Universum existiert) als auch die Substanz (die essenzielle Struktur, aus der das Universum besteht). Ohne ihn würde nicht nur nichts existieren – es würde auch keine kohärente Realität geben, keine Ordnung, keine Gesetze, keine Logik.

Diese Sichtweise ist sowohl mit klassischen theistischen Konzepten als auch mit modernen wissenschaftlichen Modellen kompatibel. Sie vermeidet den Dualismus von Gott und Welt, der in manchen theologischen Systemen zu einem unüberbrückbaren Graben geführt hat. Stattdessen beschreibt sie eine Einheit, in der Gott über der Schöpfung steht und sie gleichzeitig in sich trägt.

Die Idee der „Ultra-Intelligenz": Gott als formendes Prinzip

Ein weiterer zentraler Aspekt des CTMU ist die Vorstellung von Gott als „Ultra-Intelligenz". Langan argumentiert, dass eine vollständige Realität nicht nur aus Materie oder Energie bestehen kann, sondern auch aus Intelligenz und Information.

Diese Ultra-Intelligenz ist kein äußerer Mechanismus, der das Universum steuert, sondern die Realität selbst ist intelligent aufgebaut. Alles, was existiert, folgt einer inneren Logik, die nicht einfach zufällig ist, sondern sich nach bestimmten Prinzipien organisiert – genau wie in der klassischen Theologie Gott als der Logos verstanden wird, das formende Prinzip der Schöpfung.

Diese Sichtweise führt zu einer radikalen Schlussfolgerung: Die Welt ist kein mechanistisches System, sondern ein bewusstes, intelligentes Ganzes. Dies steht im Gegensatz zur reduktionistischen Wissenschaft, die die Realität auf blinde, zufällige Prozesse reduziert.

Langan beschreibt Gott nicht nur als den Ursprung der Welt, sondern als die aktive, organisierende Kraft, die allem innewohnt. Das bedeutet, dass das Universum nicht nur aus toter Materie besteht, sondern ein lebendiges, bewusstes System ist, das durch göttliche Intelligenz strukturiert wird.

Vergleich mit klassischen philosophischen Ansätzen

Wie verhält sich Langans Konzept zu traditionellen Gottesvorstellungen?

Aristotelische Metaphysik: Aristoteles sprach vom „unbewegten Beweger", einer höchsten Ursache, die alles in Gang setzt, aber selbst unbewegt bleibt. Langans Idee geht darüber hinaus, indem sie nicht nur eine transzendente Ursache beschreibt, sondern auch eine immanente Struktur, die in der Welt wirkt.

Platonismus: Platon argumentierte, dass die sichtbare Welt nur eine Reflexion einer höheren, geistigen Wirklichkeit ist. Langans CTMU folgt einer ähnlichen Denkweise, indem es die Realität als intelligent und logisch strukturiert betrachtet.

Theismus der großen Religionen: Das CTMU kommt der klassischen theistischen Vorstellung eines allwissenden, allgegenwärtigen und allmächtigen Gottes erstaunlich nahe. Besonders in der christlichen Theologie gibt es zahlreiche Anknüpfungspunkte, etwa in der Idee von Gott als „in allem gegenwärtig, aber dennoch über allem erhaben".

Pantheismus und Panentheismus: Während der Pantheismus Gott mit der Welt gleichsetzt, sieht der Panentheismus Gott als sowohl in der Welt enthalten als auch darüber hinausgehend. Langans Konzept steht dem Panentheismus nahe, allerdings mit der klaren Unterscheidung, dass Gott nicht nur „Teil" der Welt ist, sondern ihre bewusste Grundlage.

Fazit: Ein neuer Weg zur Synthese von Transzendenz und Immanenz

Langans CTMU bietet einen faszinierenden Ansatz, der sowohl mit traditionellen metaphysischen Ideen als auch mit modernen wissenschaftlichen Erkenntnissen kompatibel ist.

Es vermeidet den Widerspruch zwischen einem fernen, unnahbaren Gott und einem rein immanenten, pantheistischen Prinzip. Es verbindet transzendente Ursächlichkeit mit immanenter Präsenz. Es zeigt auf, dass Bewusstsein und Intelligenz die Grundlage der Realität sind – nicht nur eine zufällige Begleiterscheinung physikalischer Prozesse.

Diese Sichtweise eröffnet eine völlig neue Perspektive auf das Gottesbild: Gott ist nicht nur der Ursprung von allem, sondern auch das Prinzip, das alles zusammenhält.

Diese Idee wird im nächsten Abschnitt weiter vertieft, indem wir sie mit klassischen spirituellen Lehren vergleichen und sehen, wie verschiedene Traditionen auf ihre Weise ähnliche Einsichten hervorgebracht haben.

3. Unterstützung durch spirituelle Lehren: Die Sri Isopanisad als Beispiel

Die Vorstellung, dass Gott sowohl transzendent als auch immanent ist, findet sich nicht nur in modernen philosophischen Theorien wie Langans CTMU, sondern auch in zahlreichen spirituellen Traditionen, die über Jahrtausende hinweg entstanden sind. Besonders deutlich wird dies in den vedischen Schriften Indiens, die eine der ältesten und umfassendsten metaphysischen Lehren über die Natur Gottes enthalten.

Ein zentrales Werk dieser Tradition ist die Sri Isopanisad, eine der wichtigsten Upanishaden, die sich mit der Beziehung zwischen Gott, der Welt und dem Menschen befasst. In diesem Text wird Gott als eine vollständige und vollkommene Einheit beschrieben, die dennoch aktiv in der Schöpfung gegenwärtig ist. Diese Idee spiegelt sich in einem der bekanntesten Verse der Schrift wider:

"Der gestalthafte Gott ist vollendet und vollkommen. Und weil Er vollkommen vollendet ist, ist auch all das, was von Ihm ausgeht, wie z. B. diese Erscheinungswelt, ein vollkommenes Ganzes. Was immer vom vollkommenen Ganzen hervorgebracht wird, ist ebenso vollkommen in sich selbst. Und obgleich Er das Vollkommene Ganze ist und obgleich zahllose vollkommene Einheiten von Ihm ausgehen, bleibt Er die vollkommene Ausge-glichenheit."

Dieser Vers beschreibt ein Paradoxon, das eng mit der transzendent-immanenten Natur Gottes verknüpft ist: Obwohl Gott außerhalb der Welt steht und unabhängig von ihr exis-tiert, ist alles, was aus ihm hervorgeht, eben-falls vollkommen – er selbst bleibt jedoch un-berührt von dieser Teilung.

Gott als personaler Schöpfer und immanente Präsenz

Diese vedische Sichtweise unterscheidet sich sowohl von einem rein transzendenten als auch von einem rein immanenten Gottes-bild.

Gott ist nicht nur eine unpersönliche Kraft oder eine abstrakte kosmische Ordnung, sondern eine bewusste, intelligente Person mit Willen und Intention. Dies unterscheidet die vedische Lehre von pantheistischen Kon-zepten, in denen Gott oft nur als eine form-lose, allumfassende Energie angesehen wird.

Gleichzeitig ist Gott nicht von seiner Schöpfung getrennt, sondern in ihr gegenwärtig. Er wirkt innerhalb der Welt und erhält sie in jedem Moment. Dies unterscheidet die vedische Lehre von einem strengen Deismus, der Gott als passiven Urheber der Schöpfung sieht, der nach dem Schöpfungsakt keine Verbindung mehr zu ihr hat.

Diese doppelte Sichtweise macht es möglich, sowohl die absolute Göttlichkeit Gottes als auch seine direkte Nähe zum Menschen zu verstehen.
Parallelen zu Langans CTMU

Vergleicht man diese vedischen Konzepte mit Christopher Langans Cognitive-Theoretic Model of the Universe (CTMU), so fallen einige bemerkenswerte Parallelen auf:

Gott als Quelle und Substanz der Realität

Die Sri Isopanisad beschreibt, dass alles, was existiert, aus Gott hervorgeht, aber dass Gott selbst unverändert und vollständig bleibt.
Langan argumentiert, dass Gott nicht nur der Schöpfer des Universums ist, sondern auch

die fundamentale Struktur, die ihm zugrunde liegt.

Die Welt als bewusste, intelligente Ordnung

In der vedischen Tradition ist die gesamte Schöpfung durchdrungen von göttlicher Intelligenz, weshalb alles eine tiefere spirituelle Bedeutung hat.
Langan beschreibt das Universum als eine „selbstkonfigurierende, selbstprozessierende Sprache", die sich selbst erkennt und erschafft.

Die Beziehung zwischen Schöpfer und Geschöpf
Die vedischen Texte lehren, dass Gott in seiner Schöpfung bewusst gegenwärtig ist, ohne jedoch seine transzendente Natur zu verlieren.
Langans CTMU zeigt, dass Gott nicht nur als höchste Ursache existiert, sondern auch aktiv in die Realität eingebunden ist und mit ihr in Wechselwirkung steht.

Diese Parallelen verdeutlichen, dass die Erkenntnisse, zu denen Langan in der modernen Metaphysik kommt, bereits in spirituellen Traditionen seit Jahrtausenden existieren. Während Langan auf logischer und mathematischer Ebene argumentiert, bieten die vedischen Schriften eine kontemplative, intuitive und theologisch fundierte Perspektive, die dieselbe Grundstruktur beschreibt.

Fazit: Eine uralte Wahrheit in modernem Gewand

Die Vorstellung, dass Gott sowohl transzendent als auch immanent ist, stellt eine Synthese zwischen Wissenschaft, Philosophie und Spiritualität dar. Sie wird nicht nur von modernen Denkern wie Langan formuliert, sondern findet sich bereits in den ältesten spirituellen Traditionen der Menschheit.

Die Sri Isopanisad lehrt, dass Gott der Ursprung von allem ist und dennoch in allem existiert – eine Idee, die sich überraschend gut mit Langans mathematischem Modell deckt. Dies zeigt, dass wahre metaphysische Erkenntnis nicht auf eine bestimmte Disziplin oder Epoche beschränkt ist. Die Wahrheit über Gott, die Realität und das Bewusstsein ist universell – sie kann von verschiedenen Perspektiven aus betrachtet werden, bleibt aber in ihrem Kern immer dieselbe.

Mit diesem Verständnis im Hintergrund stellt sich die Frage: Wie definiert das Christentum diese transzendent-immanente Natur Gottes? Der nächste Abschnitt wird sich mit dieser Frage befassen und untersuchen, wie sich das christliche Gottesbild in diese umfassende metaphysische Perspektive einfügt.

4. Wie das christliche Gottesbild diese Eigenschaften klar definiert

Die Vorstellung, dass Gott sowohl transzendent als auch immanent ist, gehört zu den grundlegenden Konzepten des christlichen Glaubens. Gott ist der überweltliche Schöpfer, der das Universum ins Dasein rief, aber er ist gleichzeitig in seiner Schöpfung gegenwärtig und handelt aktiv in ihr.

Diese Balance zwischen göttlicher Transzendenz und Immanenz unterscheidet das christliche Gottesbild von vielen anderen religiösen und philosophischen Systemen.

Während manche Traditionen Gott als eine unpersönliche Kraft betrachten, die sich in allem manifestiert, und andere ihn als eine ferne, unnahbare Entität beschreiben, vermittelt das Christentum ein Konzept, das beide Aspekte miteinander verbindet. Gott ist der Schöpfer und Erhalter der Welt, der gleichzeitig von ihr unabhängig und dennoch in ihr gegenwärtig ist.

Biblische Fundamente der Transzendenz Gottes

Die Bibel betont an vielen Stellen die absolute Erhabenheit Gottes über seine Schöpfung. Seine Gedanken, seine Wege und sein Wesen sind für den Menschen unergründlich und jenseits unserer Vorstellungskraft. Gott ist kein Teil des Universums, sondern sein Ursprung und seine letzte Ursache.

In Jesaja 55,9 heißt es:

"Denn so hoch der Himmel über der Erde ist, so hoch sind meine Wege über euren Wegen und meine Gedanken über euren Gedanken."

Diese Aussage verdeutlicht, dass Gott nicht auf die menschliche Perspektive oder auf die Bedingungen der materiellen Welt beschränkt ist. Er existiert jenseits von Raum und Zeit, außerhalb der geschaffenen Ordnung, und ist in seinem Wesen unbegreiflich.

Ein weiteres Beispiel für diese Transzendenz findet sich in 1. Timotheus 6,16:

"Gott wohnt in einem unzugänglichen Licht, den kein Mensch gesehen hat noch sehen kann."

Dies macht deutlich, dass Gottes Wesen nicht einfach durch menschliche Sinne oder wissenschaftliche Methoden erfasst werden kann. Er ist die Quelle aller Existenz, bleibt aber in seinem tiefsten Kern ein Mysterium, das sich dem direkten Zugriff des Geschaffenen entzieht.

Biblische Fundamente der Immanenz Gottes

Gleichzeitig betont die Bibel immer wieder, dass Gott nicht nur über seiner Schöpfung steht, sondern auch in ihr gegenwärtig ist und in ihr handelt. Er ist kein unbeteiligter

Zuschauer oder eine abstrakte kosmische Intelligenz, sondern ein lebendiger Gott, der in das Leben der Menschen eingreift.

Ein besonders prägnantes Beispiel für diese Nähe Gottes findet sich in Apostelgeschichte 17,28:

"In ihm leben, weben und sind wir."

Diese Worte des Apostels Paulus bringen eine tiefe Wahrheit zum Ausdruck: Gott ist nicht fern, sondern in jedem Moment und an jedem Ort gegenwärtig. Seine Existenz ist nicht nur eine metaphysische Theorie, sondern eine Realität, die alles umfasst.

Auch Jesus selbst machte deutlich, dass das göttliche Reich nicht irgendwo außerhalb der Welt liegt, sondern in uns selbst erfahrbar ist. In Lukas 17,21 sagt er:

"Das Himmelreich ist inwendig in euch."

Dies verweist darauf, dass der Mensch nicht von Gott getrennt ist, sondern dass Gottes Gegenwart in der Tiefe des Bewusstseins erfahrbar wird. Gott ist nicht nur ein fernes Prinzip, sondern eine lebendige Realität, die im Herzen jedes Menschen wohnt.

Zwischen Pantheismus und Deismus: Das christliche Gottesbild als theologische Mitte

Das Christentum hält eine ausgewogene Sichtweise zwischen zwei extremen Gottesbildern:

Der Pantheismus sieht Gott als identisch mit dem Universum selbst. In dieser Sichtweise gibt es keine Trennung zwischen Schöpfer und Schöpfung – alles ist Gott. Das Problem dabei ist, dass diese Vorstellung dazu neigt, die bewusste und personale Natur Gottes aufzulösen. Wenn Gott nur die Gesamtheit des Universums ist, fehlt die Dimension eines intelligenten Schöpfers, der absichtsvoll handelt.

Der Deismus hingegen betrachtet Gott als einen transzendenten Schöpfer, der das Universum zwar erschaffen hat, aber danach keine direkte Beziehung mehr zu seiner Schöpfung pflegt. In dieser Sichtweise ist

Gott eine ferne Erstursache, die das Weltge-schehen nicht mehr beeinflusst. Dies wider-spricht jedoch der biblischen Lehre, die von einem aktiven, eingreifenden Gott spricht.

Das Christentum vereint beide Aspekte auf eine Weise, die sowohl logisch als auch the-ologisch tragfähig ist:

Gott ist nicht einfach nur das Universum selbst (wie im Pantheismus), sondern er ist dessen bewusster Schöpfer. Das Universum hat eine eigene Existenz, die aber von Gott abhängt.

Er ist aber auch nicht völlig von seiner Schöp-fung getrennt (wie im Deismus), sondern in ihr aktiv wirksam. Er erhält das Universum, lenkt es und offenbart sich in der Geschichte.

Diese Sichtweise entspricht in vielerlei Hin-sicht auch den modernen metaphysischen Modellen, etwa dem CTMU von Christopher Langan. Langan beschreibt Gott als das for-mende Prinzip hinter der Realität, das so-wohl über der Welt steht als auch in ihr aktiv wirkt. Ebenso wird in der vedischen Tradition

– etwa in der Sri Isopanisad – Gott als das „vollkommene Ganze" beschrieben, das alles durchdringt, ohne selbst begrenzt zu sein.

Das christliche Gottesbild bietet also eine kohärente Antwort auf das Rätsel der Transzendenz und Immanenz. Es zeigt, dass Gott nicht entweder transzendent oder immanent ist, sondern beides zugleich. Er ist der Schöpfer jenseits der Welt und gleichzeitig der lebendige Gott, der sich in jedem Moment der Existenz offenbart.

Fazit: Der Gott der Philosophen und der Gott der Bibel

Der französische Mathematiker und Philosoph Blaise Pascal unterschied zwischen dem „Gott der Philosophen" und dem „Gott Abrahams, Isaaks und Jakobs". Während Philosophen oft von einem abstrakten, metaphysischen Prinzip ausgehen, zeigt sich der Gott der Bibel als eine persönliche, handelnde und in die Geschichte eingreifende Wesenheit.

Die Herausforderung besteht darin, beide Konzepte zu vereinen: Einen Gott, der sowohl der Ursprung der Existenz als auch der Begleiter des Menschen ist.

Genau diese Synthese bietet das Christentum. Es stellt einen Gott vor, der sowohl transzendent als auch immanent ist – unendlich erhaben und doch in der Tiefe unseres Herzens gegenwärtig.

Mit diesem Verständnis können wir die vorherigen Erkenntnisse aus Wissenschaft, Metaphysik und spiritueller Tradition in eine schlüssige theologische Perspektive einordnen. Der nächste Abschnitt wird untersuchen, welche praktischen Konsequenzen dieses Gottesbild für unsere Weltsicht, unser Wissen und unser tägliches Leben hat.

5. Reflexion: Warum nur ein personaler, transzendent-immanenter Gott die Realität erklären kann

Die bisherigen Überlegungen haben gezeigt, dass weder der Materialismus noch ein rein abstraktes Konzept von Transzendenz eine zufriedenstellende Erklärung für die Existenz der Realität bieten können. Das Bewusstsein – als primäre und fundamentale Realität – setzt eine bewusste Ursache voraus. Doch damit stellt sich die Frage: Welche Eigenschaften muss diese Ursache haben, damit sie eine kohärente Erklärung für die Welt liefert?

Die Problematik eines rein transzendenten Gottes

Wenn Gott ausschließlich transzendent wäre – also vollkommen außerhalb von Raum, Zeit und Schöpfung existieren würde –, hätte dies weitreichende philosophische Konsequenzen:

Unerreichbarkeit und Unkenntlichkeit:

Ein völlig transzendenter Gott könnte weder erfahren noch erkannt werden. Jede Form von Beziehung oder Offenbarung wäre ausgeschlossen, weil es keinerlei Berührungspunkte zwischen Gott und der Welt gäbe. Dies würde dazu führen, dass Gott für den

Menschen völlig irrelevant wäre, da er keinen direkten Einfluss auf die Existenz hätte.

Kein aktiver Schöpfer, sondern nur eine Erstursache:

Wenn Gott nur transzendent wäre, hätte er die Welt erschaffen, sich dann aber von ihr zurückgezogen. Dies wäre eine klassische deistische Position: Gott als eine Art „Uhrmacher", der das Universum in Gang setzt, aber nicht aktiv in es eingreift. Damit würde Gott nicht mehr als lebendiges, personales Wesen erscheinen, sondern als eine Art Prinzip oder unpersönliche Kraft.

Keine moralische oder spirituelle Orientierung:

Wenn Gott keinen Bezug zur Schöpfung hätte, gäbe es keine Möglichkeit für eine göttliche Ordnung oder moralische Gesetzmäßigkeiten. Die Vorstellung eines gerechten, richtenden und liebenden Gottes wäre unmöglich, weil Gott sich nicht mit seiner Schöpfung beschäftigen würde.

Ein vollständig transzendenter Gott wäre also ein isoliertes, unerreichbares Wesen – eine Erklärung für den Ursprung der Realität, aber nicht für ihr Fortbestehen oder für die menschliche Erfahrung von Bewusstsein, Sinn und Ethik.

Die Problematik eines rein immanenten Gottes

Die andere extreme Vorstellung wäre ein Gott, der vollständig in der Welt aufgeht, also nicht transzendent ist, sondern sich in der Schöpfung selbst auflöst.

Verlust der schöpferischen Autorität:

Wenn Gott mit dem Universum identisch wäre, gäbe es keinen Schöpfer, der von seiner Schöpfung getrennt existiert. Dies würde bedeuten, dass das Universum sich selbst geschaffen hätte – ein Widerspruch, da nichts seine eigene Ursache sein kann.

Pantheistische Auflösung der Person Gottes:

Ein rein immanenter Gott wäre keine bewusste Entität mehr, sondern nur eine formlose Energie, die in allem steckt. Dies widerspricht jedoch der Tatsache, dass Bewusstsein intentionale Handlungen vollzieht und nicht einfach „passiv vorhanden" ist.

Verlust von göttlicher Führung und moralischer Ordnung:

In einem rein immanenten Gottesbild gibt es keine klare Unterscheidung zwischen dem Heiligen und dem Profanen, zwischen Gut und Böse. Ohne eine höhere Ordnung bleibt jede moralische Vorstellung relativ – ein Problem, das sich historisch in verschiedenen pantheistischen und monistischen Weltbildern gezeigt hat.

Ein rein immanenter Gott wäre also keine unabhängige Ursache der Realität, sondern ein Teil von ihr. Dies würde bedeuten, dass Gott keine höhere schöpferische Macht besitzt, sondern einfach nur ein Prinzip ist, das sich im Universum entfaltet. Doch dies reicht nicht aus, um die Existenz eines bewussten, intelligenten und absichtsvollen Ursprungs zu erklären.

Warum nur ein transzendent-immanenter Gott die Realität vollständig erklären kann

Die einzige Möglichkeit, sowohl den Ursprung als auch die Kontinuität der Realität zu erklären, ist ein Gott, der beides zugleich ist: transzendent und immanent.

Gott ist transzendent:

Er ist die Ursache der Realität und geht über sie hinaus.
Er existiert unabhängig von der geschaffenen Welt und wird nicht von ihr begrenzt.
Dadurch bleibt er souverän, allwissend und allmächtig.

Gott ist immanent:

Er ist in seiner Schöpfung gegenwärtig und erhält sie in jedem Moment.
Er offenbart sich den Menschen, nimmt an der Geschichte teil und wirkt aktiv in der Welt.

Dadurch ist er erfahrbar, ansprechbar und in einer lebendigen Beziehung mit seinen Geschöpfen.

Diese Kombination aus Transzendenz und Immanenz ist die einzige kohärente Lösung für das Problem des Ursprungs der Realität.

Verbindung zur vorherigen Argumentation

In den vorherigen Kapiteln wurde gezeigt, dass:

Bewusstsein nicht aus Materie hervorgehen kann.
Die Realität auf einem nicht-materiellen Prinzip beruhen muss.
Die Existenz eines Schöpferbewusstseins die logisch notwendige Konsequenz ist.

Doch wenn Gott der Ursprung des Bewusstseins ist, dann kann er nicht nur transzendent oder nur immanent sein.

Wenn er nur transzendent wäre, hätte er keine Verbindung zum Bewusstsein seiner Geschöpfe.

Wenn er nur immanent wäre, hätte er keine schöpferische Macht, sondern wäre nur ein Produkt der Realität.

Nur wenn Gott beides ist – transzendent und immanent –, kann er sowohl Ursprung als auch Erhalter der Realität sein.

Und die Transzendenz und Immanenz Gottes zeigt, dass er nicht nur jenseits der Schöpfung steht, sondern auch in ihr wirkt – ein unpersönliches Prinzip könnte diese aktive, intentionale Beziehung zur Welt nicht erklären, da es weder Bewusstsein noch Willen besitzt. Nur ein personaler Gott vereint Transzendenz und Immanenz in einer Weise, die unserem eigenen bewussten Sein entspricht.

Diese Einsicht führt direkt zur Schlussfolgerung, dass ein personaler Gott notwendig ist, der sowohl die absolute Quelle der Existenz als auch die aktive Kraft in der Schöpfung ist.

Diese Erkenntnis bildet die Basis für das abschließende Kapitel, in dem es um die Bedeutung dieser Einsicht für unser Weltbild, unser Wissen und unser Leben geht.

6. Übergang zur nächsten Thematik: Die Beziehung zwischen Gott und Mensch

Die Erkenntnis, dass Gott sowohl transzendent als auch immanent ist, führt uns unmittelbar zu einer der zentralsten Fragen des menschlichen Daseins: Wie kann der Mensch mit einem solchen Gott in Beziehung treten? Wenn Gott nicht nur der ferne Ursprung der Realität, sondern auch in der Schöpfung selbst anwesend ist, dann bedeutet das, dass eine Verbindung zu ihm nicht nur möglich, sondern vielleicht sogar essenziell für unser Verständnis von uns selbst und unserer Existenz ist.

Ein Gott, der vollkommen transzendent wäre, würde sich dem menschlichen Zugriff vollständig entziehen. Er wäre unerreichbar, unnahbar, jenseits jeder direkten Erfahrung. Doch ein Gott, der zugleich immanent ist, der in der Wirklichkeit gegenwärtig bleibt und sich offenbart, ermöglicht es dem Menschen, in einen bewussten Dialog mit ihm zu treten. Diese Vorstellung liegt vielen religiösen Traditionen zugrunde – insbesondere im christlichen Glauben, in dem Gott nicht nur als Schöpfer, sondern als liebender Vater, als persönliches Gegenüber betrachtet wird.

Die Frage nach der Beziehung zwischen Gott und Mensch ist nicht nur eine theologische oder philosophische Überlegung, sondern eine existenzielle. Wenn Bewusstsein die Grundlage der Realität ist und Gott selbst als Ursprung allen Bewusstseins verstanden wird, dann muss auch die menschliche Fähigkeit zur Erkenntnis, zur Selbstreflexion und zur spirituellen Erfahrung letztlich von Gott herkommen. Unsere Fähigkeit, über uns selbst nachzudenken, nach Wahrheit zu suchen und nach einem tieferen Sinn zu streben, ist ein direkter Ausdruck dieser Verbindung.

Doch was bedeutet das konkret? Wie kann ein Mensch eine Beziehung zu einem Wesen eingehen, das jenseits seiner eigenen Erfahrungswelt steht und dennoch in jeder Facette der Wirklichkeit präsent ist? Genau hier setzt die Tradition von Gebet, Meditation und spiritueller Praxis an – nicht als abstrakte Rituale, sondern als Mittel der Annäherung, als Wege, um sich dem Ursprung des Seins zu nähern und eine persönliche Erfahrung der göttlichen Gegenwart zu machen.

Wenn Gott sowohl transzendent als auch immanent ist, dann bedeutet das auch, dass er nicht einfach nur ein Prinzip ist, sondern ein personales Gegenüber, mit dem eine echte Beziehung möglich ist. Das Streben nach Gott ist also nicht nur eine intellektuelle oder metaphysische Übung, sondern eine lebendige Erfahrung, die sich in der Begegnung mit ihm konkretisieren kann.

Mit diesen Überlegungen öffnet sich der Weg zur nächsten Thematik: Wie kann der Mensch diese Verbindung zu Gott aktiv gestalten? Gibt es eine direkte Erfahrbarkeit des Göttlichen, und welche Rolle spielen Spiritualität, Gebet und Offenbarung in diesem Prozess? Diese Fragen führen uns zu den tiefsten Dimensionen menschlicher Existenz und zu einer Suche, die nicht nur intellektuell, sondern zutiefst persönlich ist.

Teil 3: Synthese und Ausblick

Kapitel 7: Die Verbindung zwischen Mensch und Gott – Spiritualität, Gebet und Offenbarung

1. Einleitung: Die Möglichkeit einer Beziehung zu Gott

Gott ist nicht nur eine philosophische Abstraktion oder eine metaphysische Notwendigkeit – er ist eine lebendige Realität. In den vorangegangenen Kapiteln wurde deutlich, dass die materialistische Sichtweise die tiefsten Fragen des Seins nicht beantworten kann und dass die Existenz einer transzendent-immanenten, personalen Quelle notwendig ist, um Bewusstsein, Realität und Sinn zu erklären. Doch mit dieser Erkenntnis stellt sich eine noch wesentlichere Frage: Wenn es diesen Gott tatsächlich gibt, wenn er nicht nur Ursprung, sondern auch Träger und Erhalter der Welt ist, was bedeutet das für den Menschen? Bleibt Gott eine unerreichbare Idee, ein fernes Prinzip, das sich der Schöpfung entzogen hat? Oder kann der Mensch tatsächlich eine direkte, bewusste Verbindung zu ihm aufbauen?

In den meisten philosophischen Traditionen und religiösen Offenbarungen findet sich die Vorstellung, dass Gott den Menschen nicht nur erschaffen hat, sondern dass er sich ihm auch auf verschiedene Weise offenbart. Diese Offenbarung ist keine Einbahnstraße – sie fordert eine Antwort des Menschen heraus, eine bewusste Hinwendung, eine lebendige Beziehung. Während der Glaube an einen transzendenten Gott in vielen Denkmodellen auf eine rein theoretische Ebene beschränkt bleibt, zeigt die Geschichte der Spiritualität, dass Menschen aller Zeiten versucht haben, eine Verbindung mit Gott herzustellen – sei es durch Gebet, Meditation, Opferhandlungen oder den bewussten Dienst an der göttlichen Ordnung.

Eine Gottesbeziehung ist somit nicht nur eine logische Möglichkeit, sondern eine existentielle Notwendigkeit. Wenn Gott existiert, dann hat er uns nicht zufällig erschaffen, sondern mit einer Absicht, mit einem Ziel. Diese Erkenntnis verändert die gesamte Perspektive auf das Leben: Es ist nicht mehr eine bloße Aneinanderreihung von Ereignissen ohne tieferen Sinn, sondern ein bewusster Weg, der auf eine Beziehung zu seinem Ursprung hinausläuft. Dies bedeutet aber auch, dass eine Verbindung zu Gott nicht einfach nur durch Nachdenken oder durch intellektuelle Erkenntnis erlangt werden kann. Vielmehr ist sie ein dynamischer Prozess der Hinwendung, ein Dialog zwischen Schöpfer und Geschöpf, in dem Gott sich offenbart und der Mensch antwortet.

Die Wege dieser Annäherung sind vielfältig. In den folgenden Abschnitten soll untersucht werden, wie Spiritualität, Gebet und Offenbarung den Menschen dabei helfen können, seine Beziehung zu Gott zu erkennen und zu vertiefen. Diese Wege sind keine bloßen religiösen Rituale oder kulturellen Traditionen – sie entspringen einer grundlegenden menschlichen Sehnsucht nach dem Absoluten, nach Wahrheit und nach einer letzten Wirklichkeit, die über die vergängliche Welt hinausreicht. Die Frage ist nicht, ob der Mensch eine Beziehung zu Gott haben kann, sondern ob er bereit ist, diese zu suchen und zuzulassen.

2. Warum eine bewusste Hinwendung zu Gott notwendig ist

Wenn die Erkenntnis der Existenz Gottes lediglich eine abstrakte Schlussfolgerung bleibt, dann bleibt sie ohne Konsequenz für das Leben. Doch wahre Gotteserkenntnis ist niemals nur theoretischer Natur – sie fordert eine Antwort, eine Haltung, eine Beziehung. Der Mensch, der erkannt hat, dass sein Dasein nicht aus blindem Zufall entstanden ist, sondern aus dem bewussten Willen eines personalen Schöpfers, kann nicht neutral bleiben. Die bloße Feststellung, dass Gott existiert, verändert nichts. Erst wenn diese Erkenntnis das Herz erreicht, wenn sie sich in Dankbarkeit, Ehrerbietung und Hingabe äußert, wird sie zu einer lebendigen Wirklichkeit.

In allen großen religiösen Traditionen ist dies die natürliche Folge der Gotteserkenntnis: Die Anerkennung des Schöpfers führt zu einer bewussten Hinwendung zu ihm. Der

Mensch sieht sich nicht mehr als autonomes, selbsterschaffenes Wesen, sondern als Teil einer höheren Ordnung, als Geschöpf, das in Beziehung zu seinem Ursprung steht. Und wie jede echte Beziehung ist auch diese nicht einseitig – sie erfordert einen bewussten Schritt des Menschen, eine Antwort auf den Ruf Gottes.

Die Opferhandlung und der Kult sind die ursprünglichsten und zugleich tiefsten Formen dieser Antwort. In nahezu allen Kulturen der Menschheitsgeschichte finden sich rituelle Handlungen, die Gott oder den Göttern dargebracht wurden – nicht aus Aberglauben oder blindem Gehorsam, sondern aus einem tief empfundenen Bedürfnis, das Verhältnis zwischen Schöpfer und Geschöpf in geordneter Weise zu gestalten. Im Christentum erreicht diese Tradition ihren Höhepunkt in der Heiligen Messe, in der nicht nur symbolisch, sondern real das höchste Opfer dargebracht wird: Christus selbst, der sich für die Menschheit hingibt. Diese Opferhandlung steht im Zentrum des Glaubens, weil sie die vollständigste Antwort des Menschen auf Gottes Liebe und Existenz ist – nicht nur ein äußeres

Ritual, sondern ein Akt der vollkommenen Hingabe und Vereinigung mit dem Schöpfer.

Doch nicht nur im Christentum spielt die Opferhandlung eine zentrale Rolle. Schon im Alten Testament sind Opferhandlungen ein Zeichen der Ehrfurcht und des Gehorsams gegenüber Gott. Sie zeigen die Bereitschaft des Menschen, etwas Wertvolles zurückzugeben, ein Zeichen der Anerkennung der göttlichen Souveränität über alles Geschaffene. Auch in anderen Religionen ist das Prinzip des Opfers tief verwurzelt – sei es in Form von materiellen Gaben, rituellen Handlungen oder symbolischen Akten der Hingabe. Es scheint ein universelles Gesetz zu sein, dass die Gotteserkenntnis den Menschen dazu führt, sich auf konkrete Weise an den Schöpfer zu wenden, um eine geordnete Beziehung herzustellen.

Neben der rituellen Dimension gibt es jedoch eine weitere, ebenso essentielle Form der Hinwendung: das Gebet. Während Opfer und Kult häufig gemeinschaftliche Formen der Gottesverehrung sind, ermöglicht das Gebet eine direkte, persönliche Kommunikation mit

Gott. Das Gebet ist nicht nur eine Bitte um Hilfe oder eine klagende Anrufung in Zeiten der Not – es ist vor allem Ausdruck von Lob und Dankbarkeit. In der jüdisch-christlichen Tradition ist es gerade das Lob Gottes, das als höchste Form des Gebets gilt, weil es den Menschen in die richtige Haltung gegenüber seinem Schöpfer versetzt: nicht als Bittsteller, sondern als jemand, der erkennt, dass alles, was er hat und ist, aus Gottes Hand stammt.

Bitten und Fürbitten sind nicht unwichtig, aber sie sollten nicht im Zentrum des Gebets stehen. Zu oft wird das Gebet als eine einseitige Kommunikation verstanden, in der der Mensch etwas von Gott erwartet, ohne selbst eine Veränderung zuzulassen. Doch die eigentliche Bedeutung des Gebets liegt nicht in der Erfüllung von Wünschen, sondern in der Ausrichtung des menschlichen Herzens auf Gott. Wer betet, tritt in einen bewussten Dialog mit seinem Schöpfer, öffnet sich seiner Gegenwart und formt sein eigenes Wesen nach dem göttlichen Willen.

Das Gebet, ob persönlich oder gemeinschaftlich, ist somit nicht nur eine Praxis der Frömmigkeit, sondern eine grundlegende Notwendigkeit für den Menschen, der in echter Beziehung zu Gott stehen will. Es ist die bewusste Antwort auf die Existenz eines personalen Gottes, die Verbindung zwischen der sichtbaren und der unsichtbaren Welt. Ohne das Gebet bleibt der Mensch in einer theoretischen Gotteserkenntnis gefangen, ohne dass sie seine Existenz verändert. Erst durch das Gebet wird Gott nicht nur eine Idee, sondern eine lebendige, erfahrbare Wirklichkeit.

3. Spiritualität als gelebte Verbindung zu Gott

Spiritualität ist mehr als ein äußeres Bekenntnis oder die Zugehörigkeit zu einer religiösen Tradition. Sie ist die lebendige, erfahrbare Verbindung zu Gott, die sich nicht nur in Worten, sondern vor allem im Herzen vollzieht. Während Religion oft als institutioneller Rahmen verstanden wird – mit Regeln, Ritualen und Traditionen, die das Verhältnis zwischen Mensch und Gott ordnen sollen –, ist Spiritualität das innere Erleben dieser Wirklichkeit. Sie ist das, was Religion mit

Leben erfüllt und den bloßen Glauben in eine echte, persönliche Begegnung verwandelt.

Viele Menschen verstehen Religion als eine äußere Zugehörigkeit: Man gehört einer bestimmten Konfession an, befolgt Regeln und Traditionen, nimmt an Gottesdiensten teil und sieht sich als Teil einer religiösen Gemeinschaft. Doch wenn diese Zugehörigkeit nicht mit einer echten inneren Hinwendung zu Gott einhergeht, bleibt sie oft leer. Wer den Glauben nur als eine Reihe von Pflichten betrachtet, ohne sich innerlich wirklich auf Gott auszurichten, verpasst den Kern der Beziehung zu ihm. Wahre Spiritualität beginnt dort, wo Religion nicht nur ein äußerer Rahmen bleibt, sondern zur gelebten Wirklichkeit wird – zur bewussten, täglichen Ausrichtung auf das Göttliche.

Diese Ausrichtung erfordert eine aktive innere Hinwendung. Es geht nicht nur um Dogmen oder Riten, sondern um eine persönliche, tief verwurzelte Beziehung zu Gott. Diese kann auf unterschiedliche Weise gelebt werden: in der Stille, in der Reflexion, im bewussten Gebet oder in der Betrachtung der göttlichen Gegenwart im Alltag. Wer Gott sucht, wird ihn nicht nur in großen theologisch-philosophischen Konzepten finden, sondern vor allem in den kleinen Dingen des Lebens: in der Schönheit der Natur, in der Begegnung mit anderen Menschen, in Momenten der Dankbarkeit und Hingabe.

Ein wesentlicher Aspekt der Spiritualität ist das Vertrauen. Gott kann nur in einem Herzen gegenwärtig sein, das sich ihm öffnet – ein Herz, das bereit ist, sich von ihm führen zu lassen. Dies erfordert Hingabe, die Bereitschaft, sich von eigenen Vorstellungen und Ängsten zu lösen und sich ganz der göttlichen Führung anzuvertrauen. In vielen religiösen Traditionen gibt es daher Praktiken der Stille und des Loslassens, die helfen, die innere Wahrnehmung für das Göttliche zu schärfen. Auch im Christentum ist dies ein zentraler Gedanke: „Seid stille und erkennet, dass ich Gott bin" (Psalm 46,10).

Doch genau diese Offenheit ist oft schwer zu erreichen. Der größte Feind der echten Spiritualität ist der Stolz – die Vorstellung, Gott entweder nicht zu brauchen oder ihn intellektuell begreifen und kontrollieren zu können. Wer meint, alles selbst in der Hand zu haben oder Gott nur auf theoretischer Ebene zu analysieren, verschließt sich oft unbewusst seiner unmittelbaren Erfahrung. Wahre Erkenntnis beginnt dort, wo der Mensch sich selbst in seiner Begrenztheit erkennt und Gott die Möglichkeit gibt, sich ihm zu offenbaren.

Spiritualität ist daher kein Akt des Verstehens, sondern des Seins. Es geht nicht darum, Gott „beweisen" zu wollen oder ihn in ein rein rationales System zu pressen, sondern darum, ihn zu erfahren – in der Stille, im Gebet, in der Hingabe. Wer sich darauf einlässt, wird feststellen, dass Spiritualität nicht nur ein Konzept oder eine Tradition ist, sondern eine unmittelbare Wirklichkeit: Die Beziehung zu Gott ist lebendig, erfahrbar und transformierend.

4. Die Offenbarung Gottes in Geschichte und persönlicher Erfahrung

Gott ist nicht nur der ferne, unerreichbare Schöpfer, den der Mensch mühsam suchen muss. Er ist ein Gott der Beziehung, der sich seiner Schöpfung mitteilen will. Offenbarung ist daher keine einseitige Bewegung des Menschen zu Gott hin, sondern zugleich eine Bewegung Gottes zum Menschen. Dies geschieht nicht aus Zwang oder Notwendigkeit, sondern aus Liebe – aus dem tiefen Wunsch, den Menschen zu sich zu ziehen und ihn an seiner Wahrheit teilhaben zu lassen.

Die Offenbarung Gottes vollzieht sich auf drei grundlegenden Wegen. Der erste ist die allgemeine Offenbarung, die sich in der Schöpfung selbst zeigt. Die Ordnung des Universums, die Gesetzmäßigkeiten der Natur, die Schönheit und Harmonie des Lebens – all das ist ein Echo der göttlichen Weisheit. Wer mit offenen Augen durch die Welt geht, kann die Handschrift Gottes überall erkennen. Schon die Psalmen sprechen davon: „Die Himmel erzählen die Herrlichkeit Gottes, und das Firmament verkündet seiner Hände Werk" (Psalm 19,2). Diese Art der Offenbarung ist universell, sie ist jedem Menschen zugänglich, unabhängig von Herkunft oder Glauben.

Doch Gott hat sich nicht nur in der Schöpfung offenbart, sondern auch aktiv in die Geschichte der Menschheit eingegriffen. Dies ist die zweite Form der Offenbarung – die historische Offenbarung. Besonders im Judentum und Christentum finden wir das Zeugnis eines Gottes, der nicht nur beobachtet, sondern handelt: Er erwählt ein Volk, gibt ihm Gesetze, sendet Propheten und schließlich seinen Sohn, um den Menschen den Weg zur Erlösung zu zeigen. Die biblische Geschichte ist nicht nur eine Sammlung religiöser Überlieferungen, sondern Ausdruck der kontinuierlichen Begegnung Gottes mit der Menschheit. Sie zeigt, dass Gott kein abstraktes Prinzip ist, sondern eine handelnde, sich offenbarende Person.

Die dritte Form der Offenbarung ist die persönliche Offenbarung – die individuelle Erfahrung des Göttlichen. Gott spricht nicht nur durch die Natur und die Geschichte, sondern auch direkt zum einzelnen Menschen. Dies geschieht in Momenten der Stille, in inneren Eingebungen, in unerwarteten Wendungen des Lebens oder durch das Gebet. Wer sich Gott öffnet, kann seine Führung spüren, manchmal in subtilen, manchmal in überwältigenden Erlebnissen. Viele Mystiker, Heilige und spirituelle Sucher berichten von tiefgreifenden Gotteserfahrungen, die ihr Leben für immer verändert haben. Diese persönliche Offenbarung ist ein Geschenk, das jeder Mensch empfangen kann – aber sie erfordert Bereitschaft, Demut und die Offenheit, auf Gottes Stimme zu hören.

Ein zentrales Medium der Offenbarung ist die Heilige Schrift. Die Bibel ist mehr als nur ein historisches Dokument – sie ist ein lebendiges Zeugnis göttlicher Wahrheit. Durch sie spricht Gott direkt zum Menschen, über Zeiten und Kulturen hinweg. Die Schriften der Propheten, die Psalmen, die Evangelien – sie sind nicht nur Worte, sondern göttliche Botschaften, die das Herz berühren und den Geist erhellen können. Wer sich ernsthaft mit der Heiligen Schrift auseinandersetzt, wird erkennen, dass sie eine Dimension enthält, die über bloße menschliche Weisheit hinausgeht.

Über Jahrhunderte hinweg haben Heilige, Mystiker und Gelehrte die göttliche Offenbarung weitergegeben, vertieft und ausgelegt. Ihre Einsichten und Erfahrungen sind ein kostbares Erbe, das uns hilft, Gottes Wirken besser zu verstehen. Offenbarung ist also nicht nur ein einmaliges Ereignis der Vergangenheit, sondern ein lebendiger, fortdauernder Prozess. Gott spricht – in der Natur, in der Geschichte, in den Herzen der Menschen. Die Frage ist nicht, ob er spricht, sondern ob wir bereit sind, ihm zuzuhören.

5. Philosophische Gotteserkenntnis vs. persönliche Gottesbegegnung

Die philosophische Gotteserkenntnis ist ein wichtiger erster Schritt auf dem Weg zur Wahrheit. Durch logische Argumente, metaphysische Überlegungen und wissenschaftliche Analysen können wir erkennen, dass die materielle Welt nicht aus sich selbst heraus existieren kann, dass Bewusstsein nicht bloß eine Eigenschaft des Gehirns ist und dass eine transzendente Quelle der Realität notwendig ist. Doch so überzeugend diese Erkenntnisse auch sein mögen, sie bleiben auf einer abstrakten Ebene. Sie liefern eine rationale Grundlage für den Glauben, doch sie

226

ersetzen ihn nicht. Der Verstand kann Gott begreifen – aber er kann ihn nicht „erleben".

Echte Gotteserkenntnis beginnt dort, wo das reine Denken an seine Grenzen stößt. Ein Mensch kann sich mit Theologie und Philosophie beschäftigen, kann jedes Argument für und gegen die Existenz Gottes durchdenken, kann Bücher über Religion und Metaphysik studieren – und doch bleibt all das unvollständig, solange es nicht in eine lebendige Beziehung zu Gott mündet. Wer Gott nur als Konzept betrachtet, bleibt auf Distanz. Doch Gott ist kein theoretisches Konstrukt, sondern eine lebendige, personale Wirklichkeit. Und wie jede persönliche Wirklichkeit kann er nicht nur verstanden, sondern auch erfahren werden.

Hier beginnt der Unterschied zwischen intellektueller Gotteserkenntnis und persönlicher Gottesbegegnung. Während Philosophie und Theologie den Rahmen liefern, ist Spiritualität die eigentliche Umsetzung. Mystiker und Heilige berichten seit Jahrhunderten von ihren direkten Erfahrungen mit Gott – von Momenten der Erleuchtung, der inneren

Klarheit, des überwältigenden Friedens. Diese Erlebnisse sind nicht das Resultat abstrakter Überlegungen, sondern geschenkte Begegnungen mit dem Göttlichen. Sie entstehen aus Gebet, Meditation, Hingabe – aus einem Leben, das sich für Gott öffnet.

Eine wahre Gotteserkenntnis ist nicht nur ein gedankliches Konzept, sondern eine existenzielle Realität. Sie verändert den Menschen in seinem tiefsten Inneren. Wer Gott wirklich erkennt, kann nicht mehr so leben wie zuvor. Der Glaube wird dann nicht mehr als bloße Weltanschauung verstanden, sondern als etwas, das alle Bereiche des Lebens durchdringt. Es gibt keinen neutralen Boden mehr – alles erhält eine neue Bedeutung, einen neuen Sinn.

Doch diese Gottesbegegnung geschieht nicht automatisch. Sie setzt eine innere Bereitschaft voraus, die sich oft erst über Jahre des Suchens, Zweifelns und Ringens entwickelt. Viele Menschen sehnen sich nach Gott, aber sie bleiben auf der Ebene des Intellekts stehen. Sie erwarten, dass Gott sich ihnen auf einer rein rationalen Basis erschließt. Doch so funktioniert es nicht. Gott ist kein logisches Postulat, sondern eine lebendige Wirklichkeit – und er kann nur erfahren werden, wenn der Mensch sich ihm mit ganzem Herzen zuwendet.

6. Übergang zur nächsten Thematik: Die Rückkehr der Transzendenz in Wissenschaft und Erkenntnis

Die Erkenntnis, dass die Verbindung zwischen Gott und Mensch nicht nur eine theologische Spekulation, sondern eine lebendige Realität ist, verändert alles. Wenn Gott nicht nur eine abstrakte Idee ist, sondern ein bewusstes, personales Wesen, das mit seiner Schöpfung in Beziehung tritt, dann bedeutet dies, dass unsere gesamte Weltsicht überdacht werden muss. Es geht nicht mehr nur um eine private, spirituelle Erfahrung, sondern um eine fundamentale Wahrheit, die Konsequenzen für Wissenschaft, Kultur und Gesellschaft hat.

Jahrhundertelang hat die westliche Welt den Gedanken gepflegt, dass Religion und Wissenschaft zwei getrennte Sphären seien. Der

Materialismus, der in den letzten Jahrhunderten zur dominierenden Weltsicht wurde, hat dazu geführt, dass das Transzendente aus den wissenschaftlichen Betrachtungen weitgehend verbannt wurde. Doch mit den Erkenntnissen der letzten Jahrzehnte beginnt sich ein Wandel abzuzeichnen: Die Wissenschaft stößt immer häufiger an Grenzen, an denen rein materialistische Erklärungen nicht mehr ausreichen. Die Physik sieht sich mit Phänomenen konfrontiert, die sich mit klassischem Kausaldenken nicht erklären lassen. Die Bewusstseinsforschung erkennt zunehmend, dass die subjektive Erfahrung nicht auf neuronale Prozesse reduziert werden kann. Und in der Philosophie wird immer deutlicher, dass der Reduktionismus an fundamentalen Fragen scheitert.

Es ist an der Zeit, Wissenschaft und Transzendenz wieder in einen Dialog zu bringen. Nicht im Sinne eines Rückschritts zu irrationalen Glaubensmodellen, sondern im Sinne einer umfassenderen, integrativen Sichtweise, die das Geistige als ebenso real anerkennt wie das Materielle. Die nächsten Kapitel werden sich genau mit dieser Fragestellung befassen:

Wie kann die Wissenschaft ihre Grenzen überwinden, ohne sich selbst aufzugeben? Welche Modelle und Denkansätze ermöglichen es, das Geistige und das Physische in eine höhere Einheit zu bringen? Und wie kann eine Rückkehr zur Transzendenz nicht nur individuelle Sinnstiftung bieten, sondern auch eine neue Grundlage für unser gesamtes Weltbild schaffen?

Mit diesen Überlegungen öffnen wir das Tor zu einem neuen Verständnis von Erkenntnis – einer Erkenntnis, die nicht mehr an den Dogmen des Materialismus festhält, sondern die Realität in ihrer ganzen Tiefe betrachtet.

Kapitel 8: Wissenschaft und Transzendenz verbinden

1. Warum Wissenschaft Transzendenz benötigt, um ihre Grenzen zu überwinden

Die Wissenschaft hat in den letzten Jahrhunderten gewaltige Fortschritte gemacht und unser Verständnis der Welt revolutioniert. Von den Gesetzen der Mechanik über die Evolutionstheorie bis hin zur modernen Quantenphysik hat sie unser Weltbild geformt und geprägt. Doch mit diesem Fortschritt ging eine tiefgreifende ideologische Entwicklung einher: Der Materialismus wurde zur dominierenden Denkweise innerhalb der wissenschaftlichen Methodik. Die Annahme, dass alle Phänomene auf physikalische Prozesse zurückführbar seien, wurde zur Grundvoraussetzung der Forschung. Dieses Paradigma hat die moderne Wissenschaft zweifellos effizient gemacht, doch es hat auch Grenzen geschaffen, die immer offensichtlicher werden.

Ein zentrales Problem ist, dass sich das materialistische Modell auf messbare, objektive

Phänomene konzentriert. Alles, was sich nicht experimentell nachweisen oder mathematisch beschreiben lässt, wird entweder ausgeklammert oder als subjektive Illusion abgetan. Diese Herangehensweise hat zwar dazu geführt, dass Naturgesetze präzise formuliert wurden und Technologie in nie dagewesenem Maße unser Leben verändert hat, doch sie steht vor großen Herausforderungen, wenn es um die fundamentalen Fragen der Realität geht.

Die Grenzen des materialistischen Erklärungsmodells

Drei große Problemfelder zeigen die Grenzen der materialistischen Wissenschaft auf:

Quantenphysik und das Problem der Realität:

Die klassische Physik ging lange davon aus, dass Materie eine objektive, von Bewusstsein unabhängige Realität besitzt. Doch die Quantenmechanik zeigt, dass diese Vorstellung nicht haltbar ist. Die Tatsache, dass die Beobachtung den Zustand eines Teilchens beeinflusst (bekannt als „Messproblem"), wirft grundlegende Fragen auf: Existiert Materie unabhängig vom Bewusstsein? Ist unsere Wahrnehmung der Realität nur ein Konstrukt? Die Quantenphysik bringt Phänomene hervor, die ohne eine transzendente Komponente schwer zu erklären sind.

Bewusstsein als ungelöstes Rätsel:

Kein wissenschaftliches Modell konnte bisher schlüssig erklären, wie aus rein physikalischen Prozessen subjektives Erleben entsteht. Das „harte Problem des Bewusstseins" (David Chalmers) bleibt ungelöst. Während der Materialismus das Bewusstsein als Nebenprodukt neuronaler Prozesse betrachtet, weisen immer mehr Forscher darauf hin, dass Bewusstsein eine eigenständige Realität sein könnte – vielleicht sogar fundamentaler als Materie selbst. Hier überschneidet sich die Wissenschaft mit metaphysischen und theologischen Fragen.

Kausalität und die Frage nach dem Ursprung:

Die Naturwissenschaft arbeitet mit der Annahme kausaler Gesetzmäßigkeiten. Doch die Frage nach der ersten Ursache bleibt unbeantwortet: Wenn alles, was existiert, eine Ursache hat, was ist dann die Ursache des Universums? Die materialistische Wissenschaft kann diese Frage nicht beantworten, weil sie sich auf innerhalb der Raum-Zeit stattfindende Prozesse beschränkt. Jede Antwort, die sie liefert, setzt bereits eine vorherige Ursache voraus – ein unendlicher Regress entsteht. Hier öffnet sich die Tür zur Metaphysik: Gibt es eine nicht-physikalische, transzendente Ursache der Realität?

Warum eine rein materialistische Wissenschaft unzureichend ist

Diese ungelösten Fragen zeigen, dass die Wissenschaft mit ihrem aktuellen Modell an eine Grenze stößt. Eine Wissenschaft, die sich ausschließlich auf das Materielle beschränkt, kann nur einen Teil der Wirklichkeit erfassen. Während sie Phänomene beschreibt und technisch nutzbar macht, kann sie die tiefsten Fragen nach Ursprung, Sinn und Bewusstsein nicht beantworten.

Eine integrative Perspektive ist notwendig – eine, die Wissenschaft nicht als Gegensatz zur Transzendenz sieht, sondern als Werkzeug, um tiefere Ebenen der Realität zu erschließen. Indem Wissenschaft, Philosophie und Theologie wieder in einen produktiven Dialog treten, kann ein umfassenderes Weltbild entstehen, das die Wirklichkeit in ihrer gesamten Tiefe erfasst.

Mit diesen Überlegungen stellt sich die Frage: Wie kann eine Wissenschaft aussehen, die sich nicht selbst begrenzt, sondern offen für eine erweiterte Perspektive ist? Dies führt uns zur Notwendigkeit eines neuen, integrativen Ansatzes.

2. Die Notwendigkeit einer integrativen Perspektive

Die Wissenschaft hat sich über Jahrhunderte hinweg als methodisch äußerst erfolgreich erwiesen. Sie hat unser Verständnis der Welt vertieft und zu technologischen Errungenschaften geführt, die unser tägliches Leben prägen. Doch zugleich hat sie sich durch ihre materialistische Beschränkung selbst limitiert. Ein Blick auf die bisherigen Kapitel dieses Buches zeigt, dass diese Grenzen nicht zufällig sind, sondern aus einer bewussten Entscheidung heraus entstanden: Die moderne Wissenschaft hat sich von der Metaphysik abgekoppelt und den Bereich des Transzendenten als irrelevant oder unbeweisbar erklärt. Doch die offenen Fragen, die Wissenschaft allein nicht beantworten kann, weisen darauf hin, dass diese Trennung künstlich ist und überwunden werden muss.

Wissenschaft und Metaphysik: Warum sie sich ergänzen müssen

In den vorangegangenen Kapiteln haben wir Donald Hoffmans Theorie betrachtet, dass Raum, Zeit und Materie nicht fundamental sind, sondern als eine Art „Benutzeroberfläche" fungieren, hinter der sich eine tiefere Realität verbirgt. Ebenso haben wir Christopher Langans CTMU kennengelernt, das Realität als selbstorganisierendes, intelligentes System beschreibt, das sowohl transzendent als auch immanent ist. Beide Denkansätze zeigen, dass eine Wissenschaft, die sich nur auf Materie beschränkt, zwangsläufig unvollständig bleiben muss.

Hier setzt die Notwendigkeit einer integrativen Perspektive an. Wissenschaft kann sich nicht länger darauf beschränken, nur das Materielle zu untersuchen, sondern muss auch den immateriellen Aspekten der Realität – Bewusstsein, Intention, Kausalität über Raum und Zeit hinaus – Rechnung tragen. Dies bedeutet keine Absage an wissenschaftliche Methodik, sondern eine Erweiterung ihres Blickwinkels.

Die großen Philosophen der Vergangenheit sahen keine unüberwindbare Trennung zwischen Metaphysik und Wissenschaft. Platon betrachtete die sichtbare Welt als Schatten einer tieferen, geistigen Wirklichkeit. Aristoteles sprach vom „unbewegten Beweger", einer transzendenten Ursache allen Seins. Auch im Mittelalter gingen Philosophen wie Thomas von Aquin davon aus, dass die Untersuchung der natürlichen Welt mit der Suche nach Gott harmonieren kann. Erst mit der Neuzeit und dem zunehmenden Einfluss des Materialismus wurde diese Verbindung aufgelöst. Doch heute, im Angesicht der ungelösten Rätsel des Bewusstseins, der Quantenmechanik und der fundamentalen Struktur der Realität, rückt die Wissenschaft wieder näher an metaphysische Fragestellungen heran.

Dialog zwischen Philosophie, Theologie und Naturwissenschaften

Die Trennung zwischen Wissenschaft, Philosophie und Theologie ist historisch gewachsen, doch sie ist nicht notwendig. Tatsächlich gibt es in allen drei Bereichen Überschneidungen und gegenseitige Bereicherung.

Philosophie analysiert die grundlegenden Prinzipien von Sein, Bewusstsein und Wahrheit. Sie kann helfen, die erkenntnistheoretischen Grundlagen der Wissenschaft zu reflektieren und Fragen zu stellen, die über reine Messbarkeit hinausgehen.

Theologie bietet ein kohärentes Bild einer transzendenten Wirklichkeit, die mit der empirischen Welt verbunden ist. Die Vorstellung eines personalen Gottes, der sowohl

Ursprung als auch Sinngeber der Schöpfung ist, hat in den bisherigen Kapiteln bereits eine zentrale Rolle gespielt.

Naturwissenschaften liefern die konkreten Erkenntnisse über die materielle Welt, die es zu interpretieren gilt. Die Physik zeigt uns die mathematische Struktur der Realität, die Biologie untersucht das Leben und seine Mechanismen – doch beide stoßen an Grenzen, die nur durch eine größere Perspektive überwunden werden können.

Anstatt in getrennten Disziplinen zu verharren, könnte eine neue erkenntnistheoretische Herangehensweise Wissenschaft, Philosophie und Theologie in einen konstruktiven Dialog bringen. Dies erfordert Offenheit auf allen Seiten: Wissenschaftler müssen anerkennen, dass nicht alle Fragen durch physikalische Modelle beantwortet werden können, während Philosophen und Theologen neue wissenschaftliche Erkenntnisse in ihre Überlegungen einfließen lassen sollten.
Wissenschaftler, die sich für eine erweiterte Perspektive öffnen

Während der Mainstream der Wissenschaft weiterhin am materialistischen Paradigma festhält, gibt es einige Wissenschaftler, die sich für eine größere Perspektive öffnen.

Wolfgang Smith verbindet moderne Physik mit traditionellen metaphysischen Konzepten. Er argumentiert, dass die Quantenmechanik zeigt, dass die Realität nicht rein materiell ist, sondern eine tiefere, geistige Ordnung besitzt. Seine Arbeiten versuchen, eine Synthese zwischen klassischer Metaphysik und moderner Naturwissenschaft herzustellen.

Federico Faggin, Mitentwickler des ersten Mikroprozessors, kam durch seine Beschäftigung mit Künstlicher Intelligenz zu der Überzeugung, dass Bewusstsein nicht aus Materie hervorgeht. Seine Theorie beschreibt Bewusstsein als eine fundamentale Realität, die sich in der Welt manifestiert.

John Eccles, Neurowissenschaftler und Nobelpreisträger, argumentierte, dass das Bewusstsein nicht aus reinem Gehirnstoff resultiert, sondern eine eigenständige, immaterielle Realität besitzt. Seine Überlegungen stellen das klassische materialistische Weltbild infrage und deuten auf die Notwendigkeit einer transzendenten Erklärung hin.

Diese Beispiele zeigen, dass es durchaus möglich ist, Wissenschaft und Transzendenz in Einklang zu bringen. Sie verdeutlichen, dass eine rein materialistische Wissenschaft an ihre Grenzen stößt und dass es Zeit ist, ein neues, umfassenderes Weltbild zu entwickeln.

Die nächsten Abschnitte werden konkrete Beispiele aus der Quantenphysik, der Bewusstseinsforschung und der Metaphysik betrachten, um zu zeigen, wie eine solche integrative Perspektive in der Praxis aussehen kann.

3. Konkrete Beispiele für eine neue Synthese

Die Notwendigkeit einer Synthese von Wissenschaft und Transzendenz zeigt sich besonders in drei Bereichen: der Quantenphysik, der Bewusstseinsforschung und der Metaphysik. Jeder dieser Bereiche enthält

Phänomene und Erkenntnisse, die mit einem rein materialistischen Weltbild schwer oder gar nicht erklärbar sind. Sie öffnen die Tür für eine tiefere Wirklichkeit, die mit den Konzepten der klassischen Theologie und Metaphysik erstaunliche Parallelen aufweist.

Quantenphysik: Warum die klassische Vorstellung von Materie unzureichend ist

Die Quantenmechanik hat das Verständnis der physikalischen Realität grundlegend verändert. Während die klassische Physik davon ausging, dass die Welt aus festen, kausal bestimmten Teilchen besteht, zeigt die Quantenmechanik, dass die fundamentale Struktur der Realität weitaus rätselhafter ist:

Welle-Teilchen-Dualismus: Elektronen, Photonen und andere subatomare Teilchen verhalten sich je nach Messung entweder wie Teilchen oder wie Wellen – als ob sie sich erst durch die Beobachtung auf einen bestimmten Zustand „festlegen" würden.

Quantenverschränkung: Teilchen können über beliebige Distanzen hinweg miteinander verbunden sein und sich instantan beeinflussen – was die klassische Vorstellung von Raum und Zeit infrage stellt.

Die Rolle des Bewusstseins: In Interpretationen wie der Kopenhagener Deutung scheint die Messung eines Quantensystems – also der bewusste Akt der Beobachtung – eine entscheidende Rolle für die Entstehung von Realität zu spielen. Dies deutet darauf hin, dass die Welt nicht unabhängig vom Bewusstsein existiert, sondern dass das Bewusstsein eine fundamentale Rolle in der Struktur der Realität hat.

Diese Phänomene stellen den klassischen Materialismus vor unlösbare Probleme. Wenn Materie nicht fest und eigenständig existiert, sondern sich erst durch Beobachtung definiert, dann erfordert die Natur der Realität eine tiefere, nicht-materielle Erklärung. Dies könnte mit der Vorstellung einer transzendenten Ordnung in Einklang stehen, die die materielle Welt trägt und strukturiert. Bewusstseinsforschung: Warum das Gehirn nicht als Ursache des Bewusstseins betrachtet werden kann

Die Natur des Bewusstseins bleibt eines der größten ungelösten Rätsel der Wissenschaft. Der materialistische Ansatz geht davon aus, dass das Bewusstsein ein Nebenprodukt chemischer und elektrischer Prozesse im Gehirn ist – doch es gibt gewichtige Argumente dagegen:

Das „harte Problem des Bewusstseins" (David Chalmers): Selbst wenn man die mechanistischen Abläufe im Gehirn vollständig versteht, erklärt das nicht, warum es sich „anfühlt", bewusst zu sein. Subjektive Erfahrungen (Qualia) lassen sich nicht aus neuronaler Aktivität ableiten.

Nahtoderfahrungen (NTEs) und außerkörperliche Erfahrungen: Zahlreiche dokumentierte Berichte zeigen, dass Menschen während klinischer Todeszustände Erlebnisse haben, die sich nicht mit bloßer Gehirnaktivität erklären lassen.

Experimente zur Bewusstseins-Kausalität: Neurowissenschaftler wie John Eccles argumentieren, dass das Bewusstsein nicht einfach aus dem Gehirn entsteht, sondern in

Wechselwirkung mit ihm steht – als eigenständige, immaterielle Realität.

Diese Erkenntnisse legen nahe, dass Bewusstsein nicht als bloßes Produkt der Biologie betrachtet werden kann, sondern als etwas, das über den physischen Körper hinausgeht. Dies steht in direkter Verbindung zu religiösen und metaphysischen Traditionen, die das Bewusstsein als etwas Göttliches oder Teil eines größeren, transzendenten Prinzips betrachten.

Metaphysik: Wie theologische Konzepte mit modernen wissenschaftlichen Erkenntnissen korrelieren

Die Theologie und klassische Metaphysik haben seit Jahrtausenden Prinzipien entwickelt, die sich nun in der modernen Wissenschaft in neuen Formen wiederfinden:

Der Logos in der christlichen Theologie: Das Johannesevangelium beginnt mit „Im Anfang war das Wort (Logos), und das Wort war bei Gott, und das Wort war Gott." Der Begriff Logos beschreibt eine ordnende, schöpferische

Kraft, die die gesamte Realität strukturiert. Dies erinnert an das, was moderne Theorien wie die CTMU oder die holistische Quantenphysik andeuten: dass Realität nicht zufällig ist, sondern einer tiefen, intelligiblen Struktur folgt.

Die Schöpfungsordnung: Viele Religionen sehen die Welt als geordnetes Ganzes, das einer höheren Intelligenz entspringt. In der modernen Physik wird zunehmend deutlich, dass das Universum hochpräzise auf Leben abgestimmt ist („Feinabstimmung der Naturkonstanten"). Diese Feinabstimmung könnte als Hinweis darauf dienen, dass hinter der physischen Welt eine ordnende Instanz steht.

Spiritualität und Physik: Wissenschaftler wie Wolfgang Smith argumentieren, dass moderne physikalische Erkenntnisse die Annahme einer nicht-materiellen, aber realen Ordnung unterstützen – eine These, die in der Theologie längst bekannt ist.

Diese Beispiele zeigen, dass Wissenschaft, Philosophie und Theologie nicht als

Gegensätze verstanden werden müssen. Vielmehr deuten viele moderne wissenschaftliche Entdeckungen darauf hin, dass eine transzendente Realität die Weltordnung durchdringt.

4. Reflexion: Wissenschaft als Suche nach Wahrheit

Die Wissenschaft wurde seit der Aufklärung oft als Gegenpol zur Religion verstanden – als ein rationales Unternehmen, das die Mythen und Dogmen der Vergangenheit hinter sich lässt, um die Welt auf objektive Weise zu erklären. Doch dieser Konflikt ist nicht zwingend. Wissenschaft ist letztlich eine Suche nach Wahrheit, und wenn sie ernsthaft betrieben wird, sollte sie offen für alle Möglichkeiten sein – auch für jene, die über die rein materielle Welt hinausweisen.

Die großen Wissenschaftler der Geschichte – Newton, Kepler, Maxwell, Planck und Einstein – betrachteten ihre Forschungen oft als Mittel, um die verborgenen Strukturen des Universums zu entschlüsseln, die von einer höheren Intelligenz geschaffen wurden. Ihre

Arbeiten waren nicht durch eine dogmatische Ablehnung von Transzendenz geprägt, sondern von der Neugier, die Ordnung der Schöpfung zu verstehen.

Heute jedoch wird die Wissenschaft oft durch methodischen Materialismus eingeschränkt – die Annahme, dass nur materielle Ursachen akzeptiert werden dürfen. Dies ist keine neutrale Haltung, sondern eine philosophische Vorannahme, die den Erkenntnisraum künstlich begrenzt. Um Wissenschaft und Transzendenz in Einklang zu bringen, bedarf es einer methodischen Anpassung:

Erweiterung des Wissenschaftsbegriffs: Wissenschaft sollte nicht nur das Messbare und Materielle untersuchen, sondern auch Phänomene wie Bewusstsein, Intentionalität und transzendente Erfahrungen ernst nehmen.

Offenheit für alternative Erklärungsmodelle: Erkenntnisse aus Quantenphysik, Bewusstseinsforschung und Metaphysik zeigen, dass rein materialistische Erklärungen unzureichend sind. Eine offene Wissenschaft sollte sich mit neuen Paradigmen befassen, anstatt sie reflexhaft abzulehnen.

Verständnis von Wissenschaft als Mittel zur Gotteserkenntnis: Wenn das Universum nicht zufällig, sondern durch eine höhere Intelligenz geordnet ist, dann ist Wissenschaft nicht nur ein Werkzeug zur Erklärung von Naturgesetzen, sondern auch eine Methode, um den Schöpfer durch seine Werke zu erkennen.

Diese Überlegungen führen zur nächsten entscheidenden Frage: Welche Verantwortung trägt der Mensch, wenn er nicht nur ein biologisches Wesen, sondern ein bewusstes Geschöpf ist, das innerhalb einer transzendenten Ordnung existiert? Wissenschaft ist nicht nur ein Mittel zur Erkenntnis, sondern hat auch praktische Konsequenzen für das Handeln und die moralische Verantwortung des Menschen. Kapitel 9 wird sich dieser Frage widmen: Welche Rolle hat der Mensch in der Schöpfung, und wie kann er in bewusster Beziehung zu Gott leben?

Kapitel 9: Die Verantwortung des Menschen

1. Einleitung: Warum der Mensch Verantwortung trägt

Der Mensch trägt Verantwortung – nicht nur für sich selbst, sondern für die gesamte Ordnung der Realität, in die er eingebunden ist. Wer die bisherigen Kapitel verfolgt hat, erkennt, dass das Universum keine zufällige, blinde Anordnung von Materie ist, sondern eine durch Bewusstsein strukturierte Wirklichkeit. Das bedeutet zweierlei: Erstens, dass das menschliche Dasein nicht bedeutungslos ist, sondern in einer tiefen, transzendenten Ordnung verankert liegt. Zweitens, dass der Mensch nicht nur ein passiver Beobachter der Welt ist, sondern eine aktive Rolle innerhalb dieser Struktur einnimmt.

Wenn Bewusstsein die Grundlage der Realität ist, dann ist auch unser individuelles Bewusstsein kein isoliertes Phänomen, sondern Teil eines größeren geistigen Gefüges. Das moderne materialistische Weltbild hat den Menschen über Jahrhunderte hinweg auf eine rein biologische Funktion reduziert – als zufälliges Nebenprodukt evolutionärer Prozesse, als Wesen ohne metaphysische Wurzeln. Doch wenn diese Annahme nicht zutrifft, wenn das Universum vielmehr eine geistige Ordnung besitzt, dann hat der Mensch innerhalb dieser Ordnung eine Funktion, eine Bestimmung – und damit auch eine Verantwortung.

Die zentrale Frage ist daher nicht nur eine theoretische: Ist der Mensch lediglich ein Beobachter oder spielt er eine gestaltende Rolle in der Wirklichkeit? Wenn das Universum nicht bloß mechanisch abläuft, sondern von Bewusstsein durchdrungen ist, dann bedeutet das auch, dass der Mensch Einfluss auf die Realität nehmen kann. Sein Denken, sein Handeln, seine moralischen Entscheidungen sind nicht bedeutungslos, sondern Teil eines größeren, schöpferischen Prozesses.

Diese Erkenntnis führt uns zu einer tiefgreifenden Verantwortung: Wenn der Mensch fähig ist, bewusst in das Gefüge der Welt einzugreifen, dann hat er auch eine moralische Verpflichtung, dies im Einklang mit der höheren Ordnung zu tun. Diese Verantwortung betrifft nicht nur ihn selbst, sondern die gesamte Schöpfung und seine Beziehung zu Gott. Was bedeutet es also konkret, ein bewusster Mitschöpfer der Realität zu sein? Welche Verantwortung trägt der Mensch gegenüber Gott, der Welt und sich selbst? Diese Fragen sollen in den folgenden Abschnitten näher betrachtet werden.

2. Der Mensch als bewusster Mitschöpfer in der Realität

Der Mensch ist nicht nur ein passiver Bewohner der Realität – er ist ein aktiver Gestalter. Wenn das Universum, wie Christopher Langan es beschreibt, nicht aus toter Materie besteht, sondern aus einem selbstreferentiellen, geistigen Prinzip, dann bedeutet das, dass der Mensch durch sein Bewusstsein und seine Entscheidungen direkt auf diese Realität einwirkt. Die Welt ist nicht ein starres Konstrukt, das unabhängig vom menschlichen Geist existiert, sondern ein dynamisches, lebendiges Gefüge, das in Wechselwirkung mit Bewusstsein steht.

Langans CTMU beschreibt dieses Prinzip als Metakausalität – eine Form von Kausalität, die nicht linear verläuft, sondern sich über verschiedene Ebenen erstreckt. Das bedeutet, dass Gedanken, Wahrnehmung und Entscheidungen nicht bloß subjektive Erfahrungen sind, sondern real auf die Struktur der Wirklichkeit einwirken. Was wir denken, wie wir handeln und welche Absichten wir verfolgen, hat also Konsequenzen – nicht nur im sichtbaren, sondern auch im geistigen Bereich.

Diese Sichtweise stellt einen fundamentalen Gegensatz zum materialistischen Weltbild dar, in dem das Bewusstsein lediglich ein Nebenprodukt neuronaler Prozesse ist und menschliches Handeln keinen höheren Sinn hat. Wenn wir jedoch davon ausgehen, dass Realität durch Bewusstsein geformt wird, dann folgt daraus eine enorme Verantwortung: Der Mensch ist kein isoliertes Individuum, sondern in die tiefere Ordnung der Schöpfung eingebunden. Seine geistigen, moralischen und spirituellen Entscheidungen beeinflussen nicht nur sein eigenes Leben, sondern auch das größere Ganze.

Dieses Konzept ist nicht neu – in religiösen und spirituellen Traditionen wurde es schon immer in verschiedenen Formen ausgedrückt. Die christliche Lehre spricht davon, dass der Mensch im „Ebenbild Gottes" geschaffen wurde, was nicht nur eine Würde, sondern auch eine Verantwortung mit sich bringt: Die Fähigkeit zur bewussten Gestaltung der Welt nach göttlichen Prinzipien. Ähnliches findet sich im Konzept des Dharma im Hinduismus oder in der jüdischen Vorstellung der „Tikkun Olam" – der Pflicht zur Verbesserung der Welt.

Verantwortung bedeutet daher nicht nur, physisch korrekt zu handeln, sondern vor allem, geistig bewusst zu sein. Der Mensch handelt nicht nur durch äußere Taten, sondern auch durch seine Gedanken, seine Absichten, seine innere Haltung. Jede Handlung, die aus einem bewussten Verständnis der göttlichen Ordnung heraus geschieht, ist Teil eines schöpferischen Prozesses, der die Realität nicht nur erhält, sondern auch weiterentwickelt.

Diese Erkenntnis hebt den Menschen aus der Passivität heraus. Er ist nicht Opfer blinder Naturgesetze oder externer Kräfte – er ist ein bewusster Mitschöpfer innerhalb einer geistig geordneten Welt. Die Frage, die sich daraus ergibt, ist: Welche Verantwortung trägt der Mensch gegenüber Gott und der Schöpfung? Welche Konsequenzen hat diese Erkenntnis für unser moralisches Handeln? Genau das soll im nächsten Abschnitt näher betrachtet werden.

3. Verantwortung gegenüber Gott und der Schöpfung

Der Mensch steht in einer einzigartigen Beziehung zu Gott und zur Schöpfung. Einerseits ist er Mitschöpfer, fähig zur bewussten Gestaltung der Realität, andererseits bleibt er selbst ein Geschöpf – entstanden durch den Willen eines transzendenten, personalen Gottes. Diese doppelte Rolle bringt eine klare Verantwortung mit sich: Der Mensch darf sich nicht als absoluten Mittelpunkt des Universums begreifen, sondern muss erkennen, dass seine Existenz Teil einer größeren göttlichen Ordnung ist. Diese Einsicht führt zu einer zentralen Frage: Wie soll der Mensch dieser Verantwortung gerecht werden?

Die theologische Perspektive zeigt uns, dass der Mensch nicht aus sich selbst heraus existiert, sondern von Gott ins Dasein gerufen wurde. Sein Bewusstsein, seine Fähigkeit zur Reflexion und seine moralische Urteilskraft sind keine zufälligen Produkte biologischer Evolution, sondern Spiegel der göttlichen Intelligenz, die ihn geschaffen hat. Daraus folgt eine fundamentale Verpflichtung: Der Mensch schuldet seinem Schöpfer nicht nur Anerkennung, sondern auch Gehorsam, Ehrfurcht und Dankbarkeit. Er ist nicht autonom im absoluten Sinne, sondern lebt in einer von Gott gesetzten Ordnung, die er anerkennen und achten muss.

Diese Verantwortung erstreckt sich nicht nur auf das Verhältnis des Menschen zu Gott, sondern auch auf die gesamte Schöpfung. Die Welt ist kein mechanischer Apparat, der nach Belieben ausgebeutet oder verändert werden kann, sondern ein Geschenk, das erhalten und geachtet werden muss. In vielen religiösen Traditionen gilt die Natur als ein Abbild göttlicher Weisheit – von der Ordnung der Sterne bis hin zur komplexen Schönheit des Lebens auf der Erde. Die Zerstörung dieser Ordnung, sei es durch Umweltzerstörung, moralischen Verfall oder die Ablehnung einer höheren Sinnstruktur, ist daher nicht nur ein praktisches Problem, sondern eine Missachtung der göttlichen Ordnung selbst.

Die moralischen Konsequenzen dieser Erkenntnis sind tiefgreifend. Wenn der Mensch nicht allein für sich lebt, sondern als Teil eines größeren Schöpfungsplans, dann ist er verpflichtet, sein Leben in Übereinstimmung mit dieser Ordnung zu führen. Das bedeutet, dass er sich nicht nach Belieben über moralische Prinzipien hinwegsetzen kann, sondern sich an einer objektiven, von Gott gegebenen Ethik orientieren muss. Ordnung und Sinn sind keine subjektiven Konstrukte, sondern tief in der Realität verwurzelt – wer sie ignoriert, zerstört nicht nur sein eigenes Leben, sondern trägt zur Auflösung der Weltordnung bei.

Doch genau an diesem Punkt setzt die größte Gefahr an: Der Hochmut des Menschen. Die moderne Welt ist geprägt von der Versuchung, sich selbst an die Stelle Gottes zu setzen – sei es durch Transhumanismus, durch den Versuch, das menschliche Bewusstsein technologisch zu „überwinden", oder durch die Vorstellung, dass der Mensch die Natur nach eigenem Gutdünken umgestalten kann. Diese Hybris zeigt sich besonders in der Idee, dass es keine objektiven Grenzen mehr gibt – weder moralische noch biologische oder metaphysische. Der Mensch glaubt, er könne selbst über Gut und Böse bestimmen, selbst entscheiden, was wahr oder falsch ist, selbst festlegen, was seine Identität ausmacht.

Doch dieser Weg führt unweigerlich in den Abgrund. Die Geschichte zeigt immer wieder, dass Hochmut der erste Schritt zum Fall ist. Sobald der Mensch sich als absolut frei von göttlicher Ordnung betrachtet, verliert er nicht nur seine spirituelle Anbindung, sondern auch den inneren Halt. Die Folge ist Orientierungslosigkeit, Zersetzung von Werten und letztlich ein Zustand der existenziellen Leere. Deshalb ist die Demut vor Gott keine

Einschränkung, sondern eine Befreiung – sie bewahrt den Menschen davor, sich selbst zu überschätzen und sich in seiner eigenen Illusion von Allmacht zu verlieren.

Die wahre Verantwortung des Menschen liegt also in der Erkenntnis, dass er nicht Gott ist – und genau daraus erwächst seine Würde. Er ist berufen, an der Schöpfung teilzuhaben, aber nicht als ihr Herr, sondern als ihr Hüter. Seine Aufgabe ist es, das Göttliche in der Welt zu erkennen, zu ehren und sein eigenes Leben in Harmonie mit dieser höheren Ordnung zu führen. Nur so kann er seinem tiefsten Wesen gerecht werden und seine Existenz mit Sinn erfüllen.

4. Praktische Konsequenzen: Ethik, Spiritualität und Lebensführung

Die Erkenntnis der transzendenten Wirklichkeit und der Verantwortung des Menschen gegenüber Gott und der Schöpfung bleibt nicht bloß eine theoretische Überlegung – sie hat konkrete Konsequenzen für das tägliche Leben. Wenn die Welt nicht bloß aus materiellen Prozessen besteht, sondern in eine höhere Ordnung eingebettet ist, dann erfordert dies eine Ethik, eine Spiritualität und eine bewusste Lebensführung, die mit dieser Realität in Einklang steht.

Ethik: Die Notwendigkeit objektiver Moral

Eine der drängendsten Fragen der Moderne ist die nach der Grundlage moralischer Werte. In einer Welt, die sich von transzendenter Wahrheit entfernt hat, tendieren viele dazu, Moral als relativ oder subjektiv zu betrachten. Doch eine solche Sichtweise führt unweigerlich zu Widersprüchen und letztlich zum ethischen Nihilismus. Denn wenn Gut und Böse nur gesellschaftliche Konstruktionen oder persönliche Meinungen sind, gibt es keine letzte Instanz, die moralische Orientierung bietet. Eine Gesellschaft, die keine übergeordneten moralischen Prinzipien anerkennt, steht auf unsicherem Grund – sie kann keine absolute Gerechtigkeit formulieren und keinen dauerhaften ethischen Maßstab bieten.

Nur eine Moral, die auf einer transzendenten, göttlichen Ordnung basiert, kann wahre

Verbindlichkeit beanspruchen. Der Mensch ist nicht der Schöpfer moralischer Prinzipien, sondern ihr Empfänger. Die göttliche Ordnung offenbart sich in grundlegenden ethischen Prinzipien, die universell gültig sind: Wahrhaftigkeit, Gerechtigkeit, Barmherzigkeit und Liebe sind keine bloßen kulturellen Konventionen, sondern in der Struktur der Wirklichkeit selbst verankert. Wer sich an diesen Prinzipien orientiert, lebt nicht nur moralisch, sondern auch in Harmonie mit der tieferen Realität.

Spiritualität: Die bewusste Hinwendung zu Gott

Moralische Prinzipien allein genügen jedoch nicht – sie müssen in eine lebendige Beziehung zu Gott eingebettet sein. Spiritualität ist die bewusste, innere Hinwendung zu Gott, die es dem Menschen ermöglicht, seine Existenz in einer tieferen Dimension zu verankern. Während Ethik sich mit dem Handeln befasst, betrifft Spiritualität das Sein – die innere Haltung des Menschen gegenüber seinem Schöpfer.

Die christliche Tradition bietet hier verschiedene Wege der Gottesannäherung: Gebet, Meditation und Gottesdienst sind zentrale Mittel, um sich immer wieder auf das Göttliche auszurichten. Das Gebet ist dabei weit mehr als eine Bitte oder ein Ritual – es ist ein Dialog mit Gott, eine Haltung der Ehrfurcht, des Dankes und der Hingabe. Die tägliche Reflexion über die göttliche Ordnung hilft dem Menschen, seine Gedanken und Taten im Licht der Wahrheit zu betrachten.

Besonders bedeutsam ist die gemeinschaftliche Gottesverehrung, die in der christlichen Tradition ihre höchste Form in der Heiligen Messe findet. Hier wird die Verbindung zwischen Gott und Mensch auf sakramentale Weise realisiert, und der Mensch kann sich bewusst in die göttliche Ordnung einfügen. Die christliche Liturgie erinnert daran, dass die Realität nicht allein im Materiellen besteht, sondern dass sie auf eine tiefere, geistige Wahrheit hinweist.

Lebensführung: Ein gottzentriertes Leben

Wenn Gott die höchste Realität ist, dann kann ein sinnvolles Leben nur in der bewussten Ausrichtung auf ihn bestehen. Ein gottzentriertes Leben bedeutet nicht, sich aus der Welt zurückzuziehen, sondern alle Bereiche des Lebens in Übereinstimmung mit der transzendenten Ordnung zu gestalten.

Das beginnt mit der Art des Denkens: Wer sich immer wieder bewusst macht, dass er nicht allein für sich lebt, sondern in eine größere Wirklichkeit eingebettet ist, wird sein Handeln entsprechend ausrichten. Dies betrifft den Umgang mit anderen Menschen, mit der Natur, mit sich selbst. Verantwortung, Dankbarkeit und Demut werden zu grundlegenden Prinzipien eines Lebens, das sich nach der göttlichen Wahrheit ausrichtet.

Ein Leben in Übereinstimmung mit Gott bedeutet auch, bewusst gegen die Illusion der modernen Welt anzugehen – gegen den Materialismus, der das Leben auf Konsum und Vergnügen reduziert, gegen den Relativismus, der Wahrheit als beliebig erklärt, gegen die Selbstvergötterung des Menschen, die ihn von seiner eigentlichen Bestimmung entfremdet.

Letztlich zeigt sich die wahre Beziehung zu Gott nicht nur in theologischen Einsichten oder spirituellen Erfahrungen, sondern in der konkreten Praxis des Alltags. Die Art, wie ein Mensch mit anderen umgeht, wie er Verantwortung für die Welt übernimmt, wie er sein Denken und Handeln an der Wahrheit ausrichtet – all das ist Ausdruck seiner Beziehung zu Gott. Nur wenn der Mensch sein Leben im Bewusstsein der transzendenten Ordnung führt, kann er seiner höchsten Bestimmung gerecht werden.

5. Übergang zum Schlusswort: Die Verantwortung für Wahrheit und Erkenntnis

Die Erkenntnisse, die in diesem Buch entwickelt wurden, führen zwangsläufig zu einer zentralen Frage: Was bedeutet all das für den Einzelnen? Wissen allein verändert nichts, solange es nicht in eine bewusste Entscheidung und ein gelebtes Verständnis übergeht. Der Mensch steht an einer Weggabelung: Entweder er bleibt innerhalb der materialistischen, reduktionistischen Denkweise gefangen, die ihm zwar eine scheinbare intellektuelle Kontrolle gibt, ihn aber letztlich von seiner tieferen Realität abschneidet – oder er öffnet sich für eine Welt, die mehr ist als nur die Summe physikalischer Prozesse.

Die Verantwortung für Wahrheit und Erkenntnis liegt nicht außerhalb des Menschen, sondern in ihm selbst. Er ist nicht bloß ein zufälliges Wesen, das durch blinde Naturkräfte geformt wurde, sondern eine Brücke zwischen Materie und Transzendenz. In ihm begegnen sich die physische und die geistige Welt, das Zeitliche und das Ewige. Die Fähigkeit zu Erkenntnis, Reflexion und freiem Willen macht ihn einzigartig – und gibt ihm eine Verantwortung, die er nicht ignorieren kann.

Doch diese Verantwortung ist nicht nur eine intellektuelle oder moralische Frage – sie ist existenziell. Wer sich für die transzendente Wahrheit öffnet, wer die Realität Gottes anerkennt, kann nicht in geistiger Passivität verharren. Die Konsequenzen dieser Erkenntnis sind tiefgreifend: Sie betreffen das Denken, das Handeln und letztlich die gesamte Existenz.

Der Mensch hat die Wahl: Bleibt er in geistiger Blindheit, in einem materialistischen Weltbild, das ihn von seinem wahren Ursprung entfremdet? Oder entscheidet er sich bewusst für eine Hinwendung zur höheren Wirklichkeit – zur Wahrheit, die nicht nur eine abstrakte Idee, sondern eine lebendige und erfahrbare Realität ist?

Mit diesen Überlegungen führt der Weg zum Schlusswort. Die Frage nach der Wahrheit ist nicht nur eine akademische oder philosophische Reflexion – sie ist die tiefste Frage der menschlichen Existenz. Jeder Leser ist eingeladen, darüber nachzudenken, was diese Erkenntnisse für ihn persönlich bedeuten. Denn letztlich ist die Wahrheit kein abstraktes Konzept, sondern eine Realität, die in das Leben eines jeden Menschen hineinwirkt – wenn er bereit ist, sich ihr zu öffnen.

Schlusswort: Der Weg zur Wahrheit

1. Zusammenfassung der Hauptthesen

Dieses Buch hat eine Reise durch die tiefsten Fragen unseres Daseins unternommen – von der Krise des Materialismus über die Notwendigkeit einer transzendenten Grundlage der Realität bis hin zur Synthese von Wissenschaft, Philosophie und Spiritualität. Der Ausgangspunkt war die Erkenntnis, dass der materialistische Reduktionismus, der die moderne Wissenschaft und das westliche Denken dominiert, nicht in der Lage ist, fundamentale Fragen nach Bewusstsein, Sinn und der letzten Ursache der Realität zu beantworten. Die Vorstellung, dass das Universum eine bloße Anhäufung zufälliger physikalischer Prozesse sei, hat nicht nur philosophische und wissenschaftliche Schwächen offenbart, sondern auch kulturelle und ethische Krisen mit sich gebracht.

Die zentrale Erkenntnis, die sich durch alle Kapitel zieht, ist die Einsicht, dass Bewusstsein nicht als ein Nebenprodukt der Materie verstanden werden kann, sondern als ihre

Grundlage. Die Forschung und Überlegungen von Denkern wie Donald Hoffman und Christopher Langan haben gezeigt, dass die klassische Vorstellung einer objektiv existierenden, unabhängigen materiellen Welt unhaltbar ist. Stattdessen erscheint die Realität als eine Art Informationsstruktur, in der Bewusstsein nicht nur eine Randerscheinung, sondern das Fundament selbst ist. Diese Schlussfolgerung führt zwangsläufig zu der Frage: Woher stammt dieses Bewusstsein?

Hier setzt die Argumentation für einen personalen Gott ein. Wenn Bewusstsein die Grundlage der Wirklichkeit ist, dann ist es nicht ein passives Prinzip, sondern ein schöpferisches, intelligentes und absichtsvolles. Ein reines Energiefeld oder eine diffuse transzendente Kraft reicht nicht aus, um die Ordnung, Struktur und Sinnhaftigkeit der Realität zu erklären. Nur ein personaler Gott, der sowohl transzendent als auch immanent ist, kann als letzte Ursache und Erhalter der Schöpfung bestehen.

Diese Erkenntnis bringt jedoch nicht nur eine intellektuelle Konsequenz mit sich, sondern eine existentielle. Wenn der Mensch nicht bloß ein biologisches Zufallsprodukt ist, sondern in einer von Bewusstsein durchdrungenen, geordneten Realität existiert, dann trägt er Verantwortung – nicht nur für sich selbst, sondern für die Welt und seine Beziehung zu Gott. Die Annahme einer transzendenten Wirklichkeit impliziert, dass unser Denken, Handeln und Entscheiden nicht ohne Bedeutung sind. Der Mensch ist nicht ein passiver Beobachter eines mechanistischen Universums, sondern ein bewusster Mitschöpfer der Wirklichkeit, ein Wesen mit geistiger Autonomie und moralischer Verpflichtung.

Diese Überlegungen führen zu einer tiefgreifenden Frage: Wie gehen wir mit dieser Erkenntnis um? Welchen Weg wählen wir, wenn wir akzeptieren, dass die Realität nicht bloß aus Materie besteht, sondern aus Geist, Bewusstsein und einem schöpferischen Prinzip? Diese Fragen leiten über zum nächsten Abschnitt – der persönlichen Reflexion über unsere Rolle in einer transzendenten Realität.

2. Aufruf zur Reflexion über die eigene Rolle in einer transzendenten Realität

Jede tiefgehende Erkenntnis bringt eine Entscheidung mit sich. Die Auseinandersetzung mit der Frage nach Bewusstsein, Transzendenz und der Existenz eines personalen Gottes ist keine rein theoretische Übung, sondern eine Herausforderung an unser gesamtes Weltbild – und damit an unser Leben. Wer akzeptiert, dass die Realität nicht aus sich selbst heraus existiert, sondern dass sie auf einem bewussten Prinzip beruht, steht vor einer fundamentalen Frage: Welche Konsequenzen hat diese Erkenntnis für mich persönlich?

Der moderne Mensch ist es gewohnt, Wissenschaft und Philosophie als getrennte Bereiche zu betrachten. Der eine beschreibt die messbare Welt, der andere spekuliert über das, was jenseits davon liegen könnte. Doch wenn dieses Buch eines gezeigt hat, dann ist es die Tatsache, dass diese Trennung künstlich ist. Wissenschaft ist nicht die Gegenspielerin der Transzendenz, sondern eine Suchbewegung, die – wenn sie konsequent betrieben wird – an die Grenzen der materiellen Welt stößt und darüber hinausweisen muss. Eine ehrliche Wissenschaft erkennt an, dass ihre bisherigen Modelle unvollständig sind und dass Bewusstsein, Ordnung und Sinn keine Zufallsprodukte sein können. Wer Wissenschaft ernst nimmt, sollte also auch bereit sein, ihre Begrenzungen zu hinterfragen.

Doch Erkenntnis allein genügt nicht. Philosophie, Wissenschaft und Theologie bleiben leer, wenn sie nicht das Leben berühren. Eine transzendente Realität ist keine bloße Idee, sondern ein lebendiges Prinzip, das den Menschen in seine Verantwortung ruft. Wer sich darauf einlässt, beginnt zu verstehen, dass die eigene Existenz nicht bedeutungslos ist, sondern eingebettet in eine größere Ordnung, die Sinn, Zweck und Ziel besitzt. Diese Erkenntnis verlangt eine Antwort. Sie fordert dazu auf, über das eigene Weltbild hinauszudenken und sich der Möglichkeit zu öffnen, dass das Leben nicht in der physischen Welt endet, sondern eine tiefere Dimension besitzt.

Doch diese Entscheidung ist nicht nur eine intellektuelle. Es ist eine innere Bewegung, eine Bereitschaft, das Gewohnte zu hinterfragen, alte Sicherheiten loszulassen und sich auf eine neue Sicht der Wirklichkeit einzulassen. Ein transzendentes Weltbild verändert nicht nur, wie man über das Universum denkt – es verändert, wie man lebt. Wer sich bewusst wird, dass sein Dasein nicht zufällig ist, sondern eine Rolle in einem größeren Plan spielt, kann nicht mehr so weitermachen wie zuvor. Werte, Prioritäten und Lebensentscheidungen gewinnen eine neue Bedeutung. Die Verantwortung gegenüber sich selbst, anderen Menschen und der Schöpfung wird zu einer realen Verpflichtung.

Deshalb ist dieser Aufruf keine bloße Reflexion über abstrakte Theorien, sondern eine Einladung zur Transformation. Wer sich auf diesen Weg begibt, wird nicht nur mehr über die Natur der Wirklichkeit erfahren, sondern auch über sich selbst. Er wird entdecken, dass Erkenntnis nicht nur ein intellektueller Akt ist, sondern eine Bewegung der Seele – eine Hinwendung zur Wahrheit, die nicht nur gedacht, sondern gelebt werden muss.

3. Einladung zu einem offenen Dialog zwischen Wissenschaft, Philosophie und Religion

Die tiefsten Fragen der Menschheit – nach Ursprung, Sinn und Ziel der Existenz – lassen sich nicht durch eine einzige Disziplin vollständig beantworten. Jahrhunderte lang standen Wissenschaft, Philosophie und Religion in einem fruchtbaren Austausch, der die großen Denktraditionen geformt hat. Doch mit der zunehmenden Spezialisierung und dem Triumph des Materialismus im 19. und 20. Jahrhundert entstand eine künstliche Trennung: Wissenschaft wurde zur Erforschung des Greifbaren, während Religion und Metaphysik ins Reich des Subjektiven und Irrationalen verbannt wurden. Dieses Buch hat gezeigt, dass diese Trennung weder notwendig noch haltbar ist.

Es ist an der Zeit, die Kluft zwischen Wissenschaft und Religion zu überwinden. Nicht durch eine unkritische Verschmelzung oder durch die Preisgabe methodischer Strenge, sondern durch eine ehrliche Neubewertung der Erkenntnisgrenzen. Wissenschaft kann das Wie beschreiben, aber sie scheitert oft am Warum. Philosophie kann den Rahmen der Erkenntnis reflektieren, aber sie bleibt spekulativ, wenn sie keine Anbindung an eine tiefere Wirklichkeit findet. Religion bietet eine Antwort auf die Sinnfrage, doch wenn sie sich der Vernunft verschließt, läuft sie Gefahr, dogmatisch zu erstarren.

Eine neue, integrative Weltsicht ist notwendig – eine, die sowohl intellektuelle Strenge als auch spirituelle Tiefe erlaubt. Das bedeutet nicht, alte Erkenntnisse unkritisch zu übernehmen oder etablierte wissenschaftliche Methoden aufzugeben. Es bedeutet vielmehr, den Mut zu haben, Fragen zu stellen, die über das Messbare hinausgehen. Es bedeutet, den Dialog zwischen den Disziplinen neu zu beleben und zu erkennen, dass Wissenschaft ohne eine philosophische Basis unvollständig ist – und dass Philosophie ohne eine transzendente Dimension blind bleibt.

Doch ein solcher Dialog erfordert Offenheit. Er erfordert, dass Wissenschaftler bereit sind, die metaphysischen Implikationen ihrer Erkenntnisse zu hinterfragen. Dass

Philosophen die Realität von Bewusstsein nicht als bloßes Nebenprodukt der Materie abtun. Und dass Theologen sich nicht davor scheuen, die Sprache der Vernunft zu sprechen und sich auf neue Erkenntnisse einzulassen, ohne den Kern der Wahrheit zu verlieren.

Was kommt als nächster Schritt? Wo kann diese Diskussion weitergeführt werden? Diese Fragen sind nicht abschließend zu beantworten, denn jede Generation muss ihren eigenen Weg zur Wahrheit finden. Doch eines ist sicher: Die drängendsten Fragen unserer Zeit – ob es um das Wesen des Bewusstseins, die Struktur der Realität oder die Rolle des Menschen im Universum geht – können nicht länger isoliert betrachtet werden.

Dieses Buch ist ein Beitrag zu dieser Suche. Es ist eine Einladung, die Grenzen des eigenen Denkens zu erweitern, sich nicht mit oberflächlichen Antworten zufrieden zu geben und den Mut zu haben, die Wirklichkeit in ihrer ganzen Tiefe zu erforschen. Wissenschaft, Philosophie und Religion sind keine

Gegner, sondern drei verschiedene Wege zur Wahrheit – und es ist an der Zeit, sie wieder zu vereinen.

Weitere Texte vom gleichen Autor:

Vom Licht zur Leere.
Wie der Westen seine Wahrheit verlor.

BoD Verlag, 2025
ISBN 9 783 769 354607

Der Gottesbeweis.
Warum ein bewusster Schöpfer die
einzige Erklärung ist.

BoD Verlag, 2024
ISBN 9 783 759 777751

Bewusstsein, Individuum, Gott
Ein offener Dialog

BoD Verlag, 2024
ISBN 9 783 769 303018

Entscheidung für den Glauben
Die willentliche Rückkehr zu Gott als Rettung
aus der Krise.

BoD Verlag, 2024
ISBN 9 783759 785060

Die Architektur des Glaubens: Weltbilder und ihre Auswirkungen
Die Rolle des Theismus und des Christentums in einer fragmentierten Welt.

BoD Verlag, 2023
ISBN 9 783757 890032

Gott ist Person!
Warum es wichtig ist, Gott als ein ewiges, unveränderliches Individuum zu begreifen.

BoD Verlag, 2019
ISBN 9 783744 820004

Das Diesseits, das Jenseits und die Kraft der Liebe
Was Sie über das Leben und das Sterben wissen müssen.

BoD Verlag, 2013
ISBN 9 783842 358577

Alle Veröffentlichungen sind als Taschenbuch und als E-Book erhältlich.